Q&A 遺贈寄附の 法務・税務と 財産別相続対策

税理士法人タクトコンサルティング
金森民事信託法律事務所 [編著]

日本法令

はしがき

～遺贈寄附に係る法務・税務での参考図書として～

いわゆる“終活”の一環として遺贈寄附（遺言で、遺産の一部またはすべてを相続人以外の慈善団体やNPO法人等の公益法人等に寄附することや、遺言によるものだけでなく、相続人による相続財産の寄附なども含みます）が昨今非常に注目されています。

この傾向は、最近の少子化・晩婚化・未婚化などに伴い、いわゆる“おひとり様”が増えていること、そして高齢化等に伴い、人生の最後に何らかの社会貢献をしたいと考える人が多くなっていることが背景にあると思われます。しかし日本においては、増えてきたとはいえ、まだまだ寄附文化が根付いていません。

認定NPO法人日本ファンドレイジング協会が発行している「寄付白書2017」によると、アメリカ、イギリス、日本、韓国の個人寄附総額はそれぞれ以下のとおりとなっています。

アメリカ	30兆6,664億円
イギリス	1兆5,035億円
日　　本	7,756億円
韓　　国	6,736億円

欧米に比べて、日本と韓国は寄附額がとても少ないことがわかります。これを名目GDPに占める割合で見てみると、アメリカが1.44％、イギリス0.54％、日本0.12％、韓国0.50％となります。寄附総額では韓国より多い日本ですが、名目GDPに占める割合では韓国を大きく下回っており、他の諸外国と比べても寄附する人が少ないのが実態です。

それでは、なぜ日本では寄附が進まないのでしょうか。これにはいくつか理由があると考えられますが、大きくは２つあると思われます。

１点目は、寄附の仕方がわからないのと寄附をしたとしても寄附金の活用の実体が不明瞭という点です。共同募金で集められた資金がどのようにして活用されているのか、その内容が不明瞭であると感じた人は多くいると思われます。支出の詳細が公表されないことにより、「寄附を行っても本当に社会貢献できているのかわからない」という不安感を持たれてしまいます。

２点目は、寄附による税制面が複雑であり確定申告の手続きなど日本人にあまりなじみがないという点です。

これら２つの点が、寄附が進まない要因の一端なのではないかと考えます。

そこで、本書においては、まず前半においては寄附というものを体系立てて解説していきます。また寄附における法務面で気をつけることなどを網羅していきます。後半では、寄附に係る税制を中心に寄附をする財産別にまとめました。寄附対象財産は金銭が代表的なものですが、その他、有価証券や不動産、多くはないですが美術品なども考えられます。とくに現物資産といわれる有価証券や不動産などは、寄附する側、される側の税務が難解なため、これらの寄附が進みづらいという現実があります。本書ではこれらの税制に係る内容を網羅的に解説しています。

繰り返しになりますが、今後は少子高齢化社会に突入し財産を比較的たくさんお持ちの高齢者の多死の時代を迎えます。それらの方が後世に役立てるために財産を少しでも社会の役に立たせたいという思いを実現できるように、お手伝いできる参考書籍の１つとしてお手元においていただけると著者一同望外の喜びです。

なお、遺贈寄附は、寄附するもの（金銭か金銭以外か）、寄附額、寄附目的（社会貢献、節税など）も多彩であり、受遺者と遺族とのトラブルも発生しやすいことなどから十分な対策が必要となります。弁護士や税理士といった専門家のアドバイスが求められる分野ですので、とくに寄附する側のニーズに専門家として適切に応えられることを目指し、遺贈寄附に関する実務と、それに伴う法務・税務上のポイントについて、わかりやすくまとめました。

本書籍の骨子は以下のとおりです。

第１章　遺贈寄附の基本

この章では、遺贈寄附の一般的な概念の説明及び現状における日本の遺贈寄附動向などを著述しています。

第２章　遺贈寄附の法務

この章では法律の専門家（弁護士）が遺贈寄附の方法とその手続きに関して法務的側面の留意点などを中心に著述しています。

第３章　遺贈寄附と財産別相続対策

この章では、財産別に遺贈寄附に関してどのような方法があるのか、またその方法に係る税制上の留意点などを中心に著述しています。

第１節　金銭の遺贈寄附に関して

第２節　有価証券の遺贈寄附に関して

第３節　不動産の遺贈寄附に関して

第４節　美術品等の遺贈寄附に関して

令和３年10月

執筆者代表　税理士法人タクトコンサルティング　平松 慎矢

目　次

第１章　遺贈寄附の基本

第2章　遺贈寄附の法務

第2節 有価証券の遺贈寄附

第3節 不動産の遺贈寄附

第4節 美術品等の遺贈寄附

略語凡例

本書では、法令・通達等につき、かっこ内等で以下のとおり省略している。

〈法令〉

正式名称	略語	略語（本文中）
民法	民	
会社法	会社	
法人税法	法法	
法人税法施行令	法令	
法人税法施行規則	法規	
法人税基本通達	法基通	
所得税法	所法	
所得税法施行令	所令	
所得税法施行規則	所規	
所得税基本通達	所基通	
相続税法	相法	
相続税法施行令	相令	
相続税法施行規則	相規	
相続税法基本通達	相基通	
財産評価基本通達	財基通	
租税特別措置法	措法	
租税特別措置法施行令	措令	
租税特別措置法施行規則	措規	
租税特別措置法関係通達	措通	
租税特別措置法第40条第１項後段の規定による譲渡所得等の非課税の取扱いについて	措法40条通達	
国税通則法	通法	
地方税法	地法	
一般社団法人及び一般財団法人に関する法律	一般法人法	
信託法	信法	
法務局における遺言書の保管等に関する法律	遺保法	遺言書保管法

文化財保護法	文保法	
美術品の美術館における公開の促進に関する法律	公開法	
登録美術品登録基準	登録基準	

＊法令の表記

（例）法人税法施行令第119条第１項第27号

→法令119①二十七

〈書籍〉

書籍名	略称
二宮周平著『新法学ライブラリ-9　家族法【第５版】』（新世社）	二宮
中込一洋著『実務解説 改正相続法』（弘文堂）	中込
三菱 UFJ 信託銀行編著『信託の法務と実務【６訂版】』（きんざい）	三菱

[第１章]

遺贈寄附の基本

Q1 遺贈寄附とは

Q 遺贈寄附とは何ですか。

遺贈寄附とは、一般的に、遺言により遺族以外の非営利目的の事業を行う第三者に財産を寄附することを指します。本書では、遺贈寄附を中心に、その類似する行為として、生前に行う寄附、相続人が行う寄附、法人が行う寄附を取り上げていきます。

1. 遺贈寄附とは

「遺贈寄附」は法令上の制度・用語ではなく、通称的用語ですので、その意義について明確な定義はありませんが、一般的には自身が亡くなったときに、遺族以外の第三者に遺産の全部または一部の財産を無償で移転することをいいます。通常は、遺言により国、地方公共団体、一定の非営利目的の法人や団体に自身の死後、その財産を寄附するという形で行われます。

2. 寄附とは

「寄附」とは、民法等の法令で扱われているものではありません。

例えば、「国や地方公共団体、その他の公共事業や慈善事業を行う者または社寺などに金銭・物品を(無対価で)贈ること。(広辞苑)」が寄附の代表例です。一方、民法で規定されている契約の一種として「贈与（契約)」があります。こちらは民法において、「贈与は、当事者の一方がある財産を無償で相手方に与える意思を表示し、相手方が受諾をすることによって、その効力を生ずる。」と規定されています（民549)。どちらも財産を無償で相手方に渡す行為といえますが、生前に行う寄附は贈与の一種であり、無償で財産を与える相手が、親族等でなく、公共・公益的な活動をしている者である場合の贈与を寄附と呼ぶことが多いといえます。

3. 遺贈とは

「遺贈」とは、民法において、「遺言者は、包括又は特定の名義で、その財産の全部又は一部を処分することができる。」と規定されており、遺言により、死亡した時点で財産を無償で渡すことをいいます(民964)。双方の合意によって効力が生じる贈与契約とは異なり、遺言者の意思によってのみ効力が生じる単独行為です。これに対して、「死因贈与」という贈与者の死亡によって効力を発生させる贈与の方法もありますが、民法上の取扱いは「贈与」ではなく「遺贈」の諸規定を準用することになっています（民554)。遺贈は、死亡を前提にしているので、自然人（個人）のみに認められる制度であり、法人にはありません。

4. 本書の目的と本書が取り扱うケース

本書は、近年注目が高まっている遺贈寄附に関して、寄附をした本人の問題から、そのご家族への影響を含む相続問題まで、税務的・法務的な取扱いを明らかにすることを目的としています。

本書では、具体的には、個人の死亡時に行われる遺贈寄附をベースに、その周辺にある類似の効果・目的を持つ行為として、生前に行う寄附、または財産を相続した相続人が行う寄附についても税務・法務の両面から説明し、さらに、法人が行う寄附についても同様に説明していきます。

⑴　個人が生前に行う寄附（「生前寄附」） ⑵　個人の死亡時に行われる寄附（「遺贈寄附」） ⑶　財産を相続した個人が行う寄附（「相続人寄附」） ⑷　法人が行う寄附（「法人寄附」）

第２章以降の各章については、上記区分を明確にするため、括弧書きの用語を用いて説明していきます。

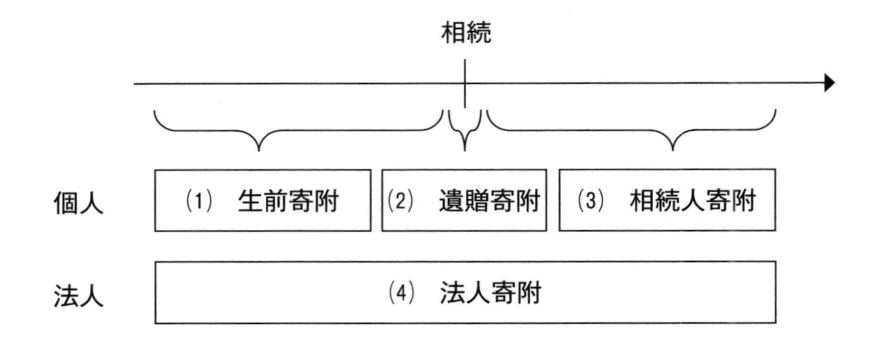

Q2 遺贈寄附への関心の高まり

Q 遺贈寄附への関心が高まっていますが、何故でしょうか。

A 少子高齢化を背景に、相対的にご自身の相続に関して悩みを持つ方や、家族構成の変化により従来の相続とは違った形での財産の相続を考える方が今後も増えると予想されます。また、近年の災害やふるさと納税の導入により、寄附意識にも変化があると考えられます。

1. 高齢化社会

令和２（2020）年10月１日現在、日本の総人口は１億2,571万人と報告されています。そのうち65歳以上の人口は3,619万人で、総人口に占める65歳以上の割合は28.8％です。この割合は、平成２（1990）年当時12.1％で、30年で２倍以上になっています。また、令和47（2065）年の推計値は38.4％で、約2.6人に１人が65歳以上、約3.9人に１人が75歳以上と、今後も高齢化の一途をたどることが予想されています。その流れの中で、ご自身の相続や財産の処分について悩みを持つ方が今後も相対的に増えると考えられます。

【図表１：高齢化の推移と将来推計】

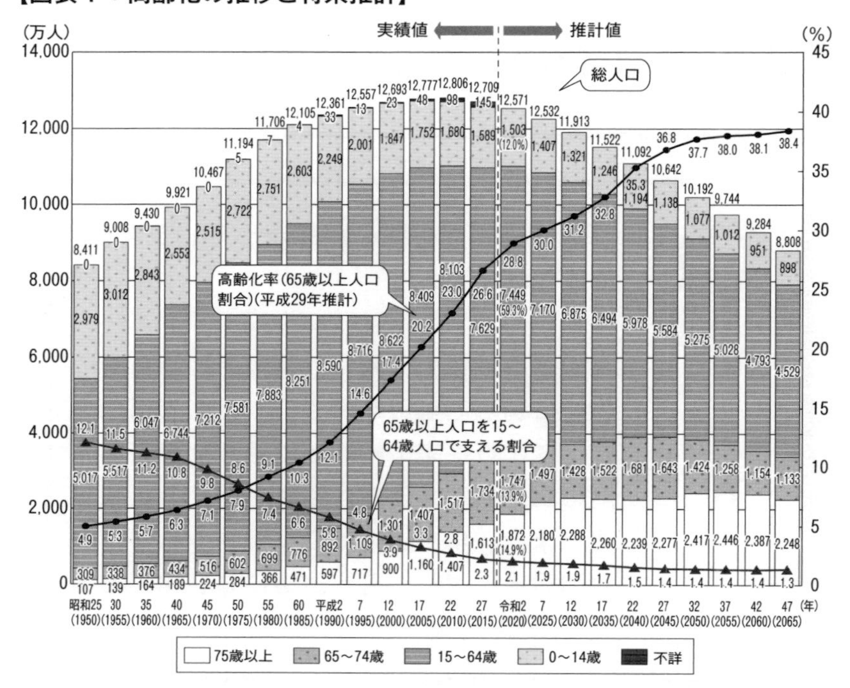

資料：棒グラフと実線の高齢化率については、2015年までは総務省「国勢調査」、2020年は総務省「人口推計」令和２年10月１日現在（平成27年国勢調査を基準とする推計）、2025年以降は国立社会保障・人口問題研究所「日本の将来推計人口（平成29年推計）」の出生中位・死亡中位仮定による推計結果。

（注１）2020年以降の年齢階級別人口は、総務省統計局「平成27年国勢調査　年齢・国籍不詳をあん分した人口（参考表）」による年齢不詳をあん分した人口に基づいて算出されていることから、年齢不詳は存在しない。なお、1950年～2015年の高齢化率の算出には分母から年齢不詳を除いている。ただし、1950年及び1955年において割合を算出する際には、（注２）における沖縄県の一部の人口を不詳には含めないものとする。

（注２）沖縄県の昭和25年70歳以上の外国人136人（男55人、女81人）及び昭和30年70歳以上23,328人（男8,090人、女15,238人）は65歳～74歳、75歳以上の人口から除き、不詳に含めている。

（注３）将来人口推計とは、基準時点までに得られた人口学的データに基づき、それまでの傾向、趨勢を将来に向けて投影するものである。基準時点以降の構造的な変化等により、推計以降に得られる実績や新たな将来推計との間には乖離が生じうるものであり、将来推計人口はこのような実績等を踏まえて定期的に見直すこととしている。

（注４）四捨五入の関係で、足し合わせても100%にならない場合がある。

出典：内閣府「令和３年版高齢社会白書」

2. 家族構成の変化とライフスタイルの多様化

令和元（2019）年6月6日現在、日本の総世帯数は5,178万5,000世帯と報告されています。そのうち世帯員が1人のみの単独世帯は1,490万7,000世帯（総世帯数の28.8％）、夫婦のみの世帯は1,263万9,000世帯（総世帯数の24.4％）になっており、これらの割合は、平成元（1989）年当時、単独世帯の割合が20.0％、夫婦のみの世帯の割合が16.0％です。この原因については、高齢化による単身世帯の増加や離婚率・未婚率の増加、少子化、事実婚などライフスタイルの

【図表2：世帯構造別、世帯類型別世帯数及び平均世帯人員の年次推移】

	総数	世帯構造						世帯類型				平均世帯人員
		単独世帯	夫婦のみの世帯	夫婦と未婚の子のみの世帯	ひとり親と未婚の子のみの世帯	三世代世帯	その他の世帯	高齢者世帯	母子世帯	父子世帯	その他の世帯	
	推計数（単位：千世帯）											（人）
1986（昭和61）年	37 544	6 826	5 401	15 525	1 908	5 757	2 127	2 362	600	115	34 468	3.22
'89（平成元）	39 417	7 866	6 322	15 478	1 985	5 599	2 166	3 057	554	100	35 707	3.10
'92（ 4）	41 210	8 974	7 071	15 247	1 998	5 390	2 529	3 688	480	86	36 957	2.99
'95（ 7）	40 770	9 213	7 488	14 398	2 112	5 082	2 478	4 390	483	84	35 812	2.91
'98（ 10）	44 496	10 627	8 781	14 951	2 364	5 125	2 648	5 614	502	78	38 302	2.81
2001（ 13）	45 664	11 017	9 403	14 872	2 618	4 844	2 909	6 654	587	80	38 343	2.75
'04（ 16）	46 323	10 817	10 161	15 125	2 774	4 512	2 934	7 874	627	90	37 732	2.72
'07（ 19）	48 023	11 983	10 636	15 015	3 006	4 045	3 337	9 009	717	100	38 197	2.63
'10（ 22）	48 638	12 386	10 994	14 922	3 180	3 835	3 320	10 207	708	77	37 646	2.59
'13（ 25）	50 112	13 285	11 644	14 899	3 621	3 329	3 334	11 614	821	91	37 586	2.51
'16（ 28）	49 945	13 434	11 850	14 744	3 640	2 947	3 330	13 271	712	91	35 871	2.47
'17（ 29）	50 425	13 613	12 096	14 891	3 645	2 910	3 270	13 223	767	97	36 338	2.47
'18（ 30）	50 991	14 125	12 270	14 851	3 683	2 720	3 342	14 063	662	82	36 184	2.44
'19（令和元）	51 785	14 907	12 639	14 718	3 616	2 627	3 278	14 878	644	76	36 187	2.39
	構成割合（単位：％）											
1986（昭和61）年	100.0	18.2	14.4	41.4	5.1	15.3	5.7	6.3	1.6	0.3	91.8	·
'89（平成元）	100.0	20.0	16.0	39.3	5.0	14.2	5.5	7.8	1.4	0.3	90.6	·
'92（ 4）	100.0	21.8	17.2	37.0	4.8	13.1	6.1	8.9	1.2	0.2	89.7	·
'95（ 7）	100.0	22.6	18.4	35.3	5.2	12.5	6.1	10.8	1.2	0.2	87.8	·
'98（ 10）	100.0	23.9	19.7	33.6	5.3	11.5	6.0	12.6	1.1	0.2	86.1	·
2001（ 13）	100.0	24.1	20.6	32.6	5.7	10.6	6.4	14.6	1.3	0.2	84.0	·
'04（ 16）	100.0	23.4	21.9	32.7	6.0	9.7	6.3	17.0	1.4	0.2	81.5	·
'07（ 19）	100.0	25.0	22.1	31.3	6.3	8.4	6.9	18.8	1.5	0.2	79.5	·
'10（ 22）	100.0	25.5	22.6	30.7	6.5	7.9	6.8	21.0	1.5	0.2	77.4	·
'13（ 25）	100.0	26.5	23.2	29.7	7.2	6.6	6.7	23.2	1.6	0.2	75.0	·
'16（ 28）	100.0	26.9	23.7	29.5	7.3	5.9	6.7	26.6	1.4	0.2	71.8	·
'17（ 29）	100.0	27.0	24.0	29.5	7.2	5.8	6.5	26.2	1.5	0.2	72.1	·
'18（ 30）	100.0	27.7	24.1	29.1	7.2	5.3	6.6	27.6	1.3	0.2	71.0	·
'19（令和元）	100.0	28.8	24.4	28.4	7.0	5.1	6.3	28.7	1.2	0.1	69.9	·

（注1）1995（平成7）年の数値は、兵庫県を除いたものである。
（注2）2016（平成28）年の数値は、熊本県を除いたものである。
出典：厚生労働省「令和元年国民生活基礎調査の概況」

変化が原因と考えられます。また、親族関係の希薄化なども関係していると思われます。このような変化から、従来の下の世代の親族に相続するという形から、新たなニーズが生まれています。

3. 災害等による社会貢献意欲の向上

災害大国と呼ばれる日本ですが、この10年間を見ても、平成23（2011）年 東日本大震災、平成28（2016）年 熊本地震、平成30（2018）年 西日本豪雨など、様々な災害による被害を受けています。その中で、寄附による災害被害に対する社会貢献の意欲は高まっていると考えられます。また、直近では、新型コロナウイルスという新たな恐怖にさらされており、今後もますますその重要性が高まることが予想されます。

4. その他

その他、平成20（2008）年から制度が開始したふるさと納税により、寄附という行為自体が身近になったことも重要な要素となっています。また、平成27（2015）年から相続税の基礎控除が縮小され、相続税の納税義務者が増えたことにより、相続税を支払うより、遺贈寄附により自身が望む社会貢献に役立てたいという方も増えています。

Q3 日本の寄附の現状と諸外国との比較

Q 日本の寄附の現状はどのようになっているでしょうか。

A 調査によると2016年の個人寄附総額は7,756億円となっており、近年から寄附総額は増加傾向にあります。しかしながら、欧米と比べると、個人の寄附額や寄附する人の割合など、まだまだ浸透していない現状にあるといえます。

1. 日本の寄附の現状

認定NPO法人日本ファンドレイジング協会が発行する「寄付白書2017」によると、2016年の個人寄附総額は7,756億円、実質的に寄附としての性質と考えられる個人会費総額は2,328億円となり、合計で1兆円超が個人から支出されています。個人寄附推計総額・個人会費推計総額・金銭寄附者率の推移（**図表1**）を見ると、東日本大震災があった2011年をピークとし、2012年以降も個人寄附総額及び個人会費総額は高水準で推移しています。また、2016年中に寄附を行った人の割合は45.4％に上り、約半数の方が寄附を行っています。

世帯収入別寄附者率（**図表2**）では、最も寄附者率が高いのは世帯収入1,400万円以上の世帯の60.4%であり、最も低いのは世帯収入100万円未満の世帯の34.4%です。必ずしも比例しているわけではありませんが、世帯収入が多いと寄附者率が高くなる傾向となっています。職業別寄附者率（**図表3**）では、寄附者率が最も高い職業は、年金・恩給生活者58.7%、次いで経営者・役員57.0%となっています。一方、国税庁の税務統計に基づく、法人寄附の推移（**図表4**）では、2015年の法人寄附総額は7,909億円、約40万社の法人が寄附を行っています。

【図表1：個人寄附推計総額・個人会費推計総額・金銭寄附者率の推移】

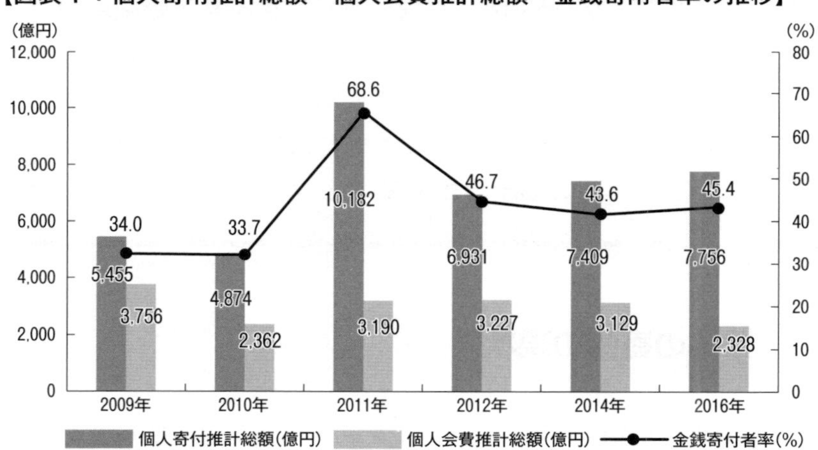

（注）2011年は震災関係の寄付（5,000億円）を含み、金銭寄付者率も震災関係以外の寄付者率（29.4%）も含む。
2012年以降、本調査は隔年実施へと変更になった。
出典：認定NPO法人日本ファンドレイジング協会「寄付白書2017」

【図表２：世帯収入別寄附者率】

	n	寄付者率 (%)
全体	5,349	45.4
1～100万円未満	706	34.4
100～200万円未満	391	42.7
200～400万円未満	1,387	46.7
400～600万円未満	998	49.9
600～800万円未満	615	47.8
800～1,000万円未満	381	51.7
1,000～1,200万円未満	196	50.5
1,200～1,400万円未満	111	55.9
1,400万円以上	164	60.4
無回答	400	29.8

【図表３：職業別寄附者率】

	n	寄付者率 (%)
全体	5,349	45.4
会社員（正社員）	1,129	39.6
団体職員（正社員）	47	51.1
公務員	128	43.0
経営者・役員	107	57.0
契約社員・派遣社員・嘱託社員（非常勤・有期・嘱託の公務員含む）	262	39.3
パート・アルバイト	639	40.9
自営業主・家族従業員（自営業の）	381	38.3
専業主婦・主夫	1,260	53.0
学生	40	40.0
年金・恩給生活者	484	58.7
失業	7	28.6
無職	814	40.2
その他	51	62.8

出典：認定 NPO 法人日本ファンドレイジング協会「寄付白書2017」

【図表４：法人寄附の推移】

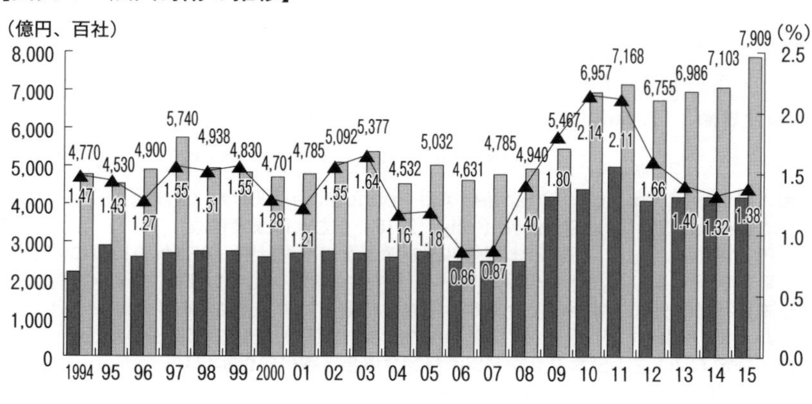

出典：認定 NPO 法人日本ファンドレイジング協会「寄付白書2017」（国税庁 website 再編加工）

2. 諸外国との比較

日本と諸外国の個人寄附総額（**図表5**）は、日本の個人年間寄附総額が7,756億円であるのに対し、アメリカ30兆6,664億円（2,818.6億ドル）、イギリス1兆5,035億円（97億ポンド）、韓国6,736億円（7兆900億ウォン）と推計されています。1人当たりの寄附平均額（**図表6**）に換算すると、日本の2万7,013円に対し、アメリカ12万5,664円（1,155ドル）、イギリス7万4,400円（480ポンド）、韓国9,095円（8万5,000ウォン）、寄附者率（**図表7**）では、日本23％、アメリカ63％、イギリス69％、韓国35％という調査結果となっています。

日本は諸外国に比べて、寄附文化が根付いていないといわれることがありますが、本調査上の結果では、アメリカやイギリスのほうが寄附をする人の割合が3倍程度多く、かつ、1人当たりの寄附金額も2.8倍～4.7倍ほど多いことが見て取れます。

【図表5：個人寄附総額】

	日本（2016）	アメリカ（2016）	イギリス（2016）	韓国（2014）
現地通貨額	7,756億円	2,818.6億ドル	97億ポンド	7兆900億ウォン
円換算額	―	30兆6,664億円	1兆5,035億円	6,736億円

出所：日本銀行（a、b）、Charities Aid Foundation（2017）、Giving USA Foundation（2017a）、Shinhye Song（2016）をもとに筆者作成

注：円換算額は、ドル／円は日本銀行外国為替市況の参考計数（東京外為市場における取引状況）より当該年中の平均レート（中心相場）、ポンド／円、ウォン／円は日本銀行基準外国為替相場及び裁定外国為替相場一覧より当該年の平均レート（1ドル＝108.8円、1ポンド＝155.0円、100ウォン＝9.9円）を用いて算出した。

出典：認定NPO法人日本ファンドレイジング協会「寄付白書2017」
（日本銀行（a、b）、Charities Aid Foundation（2017）、Giving USA Foundation（2017a）、Shinhye Song（2016）再編加工）

【図表６：個人寄附平均額（年間）】

日本（2016）	アメリカ（2016）	イギリス（2016）	韓国（2014）
27,013円	1,155ドル （125,664円）	480ポンド （74,400円）	85,000ウォン （9,095円）

出所：Charities Aid Foundation（2017）、Giving USA Foundation（2017b）、
Shinhye Song（2016）をもとに筆者作成

注：円換算額は、ドル／円は日本銀行外国為替市況の参考計数（東京外為市場における取引状況）より当該年中の平均レート（中心相場）、ポンド／円、ウォン／円は日本銀行基準外国為替相場及び裁定外国為替相場一覧より当該年の平均レート（１ドル＝108.8円、１ポンド＝155.0円、100ウォン＝10.7円）を用いて算出した。

- アメリカは、成人１人あたり
- イギリスは、Charities Aid Foundation（2017）の調査実施日の直近４週間における１人あたり寄付金額の平均値＝40ポンド（6,200円）をもとに計算した年額
- 韓国は、13歳以上の１人あたり平均現金寄付額

出典：認定NPO法人日本ファンドレイジング協会「寄付白書2017」
（Charities Aid Foundation（2017）、Giving USA Foundation（2017b）、
Shinhye Song（2016）再編加工）

【図表７：寄附者率】

日本	アメリカ	イギリス	韓国
23％	63％	69％	35％

出所：Charities Aid Foundation（2016a）をもとに筆者作成

注：インタビュー調査の直近１カ月間にチャリティ団体へ金銭を寄付した人の割合

出典：認定NPO法人日本ファンドレイジング協会「寄付白書2017」
（Charities Aid Foundation（2016a）再編加工）

Q4 日本の寄附の動向

Q 日本の寄附の動向はどのように考えられるでしょうか。

A 高齢者ほど寄附の割合が高いことを踏まえると、高齢化により、寄附を考える人が今後も増えると思われます。また、人生最後の社会貢献に関心がある方も多く、遺贈寄附に対して関心が高まっていくと考えられます。

1. 日本の寄附の動向

日本における年齢別の寄附者率を見ると、70歳代の男女の寄附者率は57.8%に及び、高齢になるほど寄附者率の割合が上昇していることがわかります。今後、高齢化が進むにつれ、寄附を考える高齢者の割合が高まっていくことが考えられます。

【図表１：性別・年代別寄附者率】

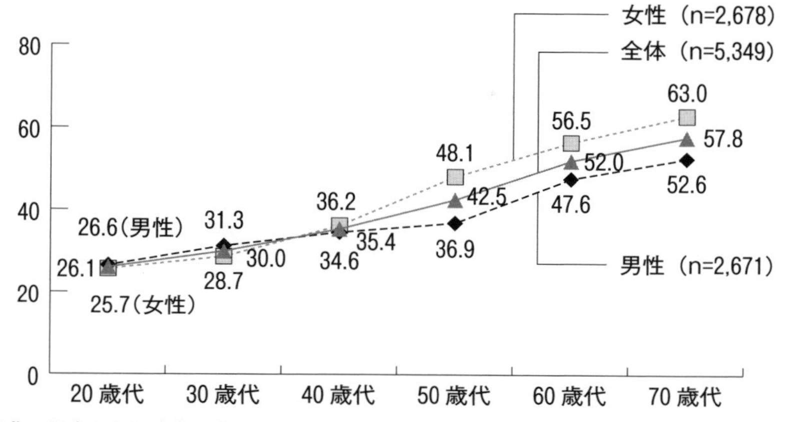

出典：認定 NPO 法人日本ファンドレイジング協会「寄付白書2017」

2.　遺贈寄附の意識と遺言書の作成割合

特定非営利活動法人国境なき医師団日本が行った意識調査においては、「遺贈してもよい」まで含めた全体の割合は49.8％になっており、約半数が遺贈寄附に関して関心があるという結果が出ています。

また、遺言書を作成しているかという調査に関して、「既に遺言書を作成している」または「準備が必要だと感じているが、まだ作成していない」という回答が60代で45.5％、70代で58.5％と、遺言書の必要性を感じる方が多くいる一方、実際に作成が済んでいる割合は60代で4.0％、70代で8.5％と少なくなっています。上述の遺贈寄附に関する関心を約半数が持っていることも含めて考えると、関心はあるものの、まだ具体的な準備はできていないというのが現状多いといえそうです。

【図表２：「遺贈」の意向度について】

Q．終活・遺言書作成にあたって、資産を継承する方法として「遺贈」というものがあります。
　　あなたご自身と「遺贈」の関わりについて、最も あてはまるものをひとつお選びください。（お答えは１つ）

■全体+10%以上
■全体−10%以下
（属性n=30以上）

区分	属性	ぜひ遺贈したい	遺贈したい	遺贈してもよい	遺贈したくない	TOP3（計）
	全体（1200）	5.2	9.4	35.3	50.2	49.8
性別	男性（600）	6.2	9.3	34.8	49.7	50.3
	女性（600）	4.2	9.5	35.7	50.7	49.3
年代別	20代（200）	4.5	12.0	38.5	45.0	55.0
	30代（200）	5.0	15.5	28.5	51.0	49.0
	40代（200）	5.5	7.0	40.0	47.5	52.5
	50代（200）	6.5	5.0	35.0	53.5	46.5
	60代（200）	5.5	10.0	32.5	52.0	48.0
	70代（200）	4.0	7.0	37.0	52.0	48.0
男性年代別	男性20代（100）	6.0	13.0	38.0	43.0	57.0
	男性30代（100）	7.0	19.0	28.0	46.0	54.0
	男性40代（100）	4.0	7.0	38.0	51.0	49.0
	男性50代（100）	8.0	6.0	38.0	48.0	52.0
	男性60代（100）	7.0	6.0	31.0	56.0	44.0
	男性70代（100）	5.0	5.0	36.0	54.0	46.0
女性年代別	女性20代（100）	3.0	11.0	39.0	47.0	53.0
	女性30代（100）	3.0	12.0	29.0	56.0	44.0
	女性40代（100）	7.0	7.0	42.0	44.0	56.0
	女性50代（100）	5.0	4.0	32.0	59.0	41.0
	女性60代（100）	4.0	14.0	34.0	48.0	52.0
	女性70代（100）	3.0	9.0	38.0	50.0	50.0

0%　20%　40%　60%　80%　100%

＊TOP3：「ぜひ遺贈したい」「遺贈したい」「遺贈してもよい」の合算値

出典：特定非営利活動法人国境なき医師団日本調べ「「遺贈」に関する意識調査2018」

【図表３：「遺言書」の作成について】

Q．「遺言書の作成」とご自身との関わりについて、あてはまるものをひとつずつお選びください。
　　（お答えはそれぞれ１つ）

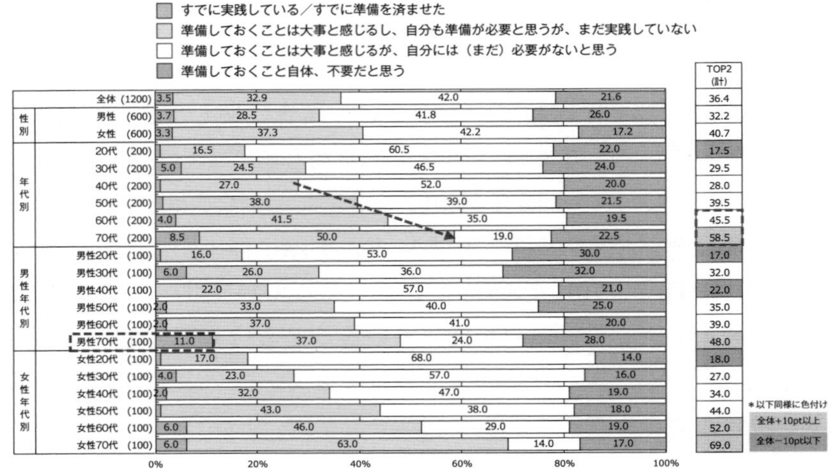

出典：特定非営利活動法人国境なき医師団日本調べ「「遺贈」に関する意識調査2018」

[第２章]

遺贈寄附の法務

Q1 遺贈寄附の方法とその手続き

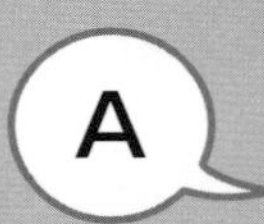

遺贈寄附を法律的側面から見るとどのような方法があり、どのような手続きで行いますか。

A

贈与、信託、遺贈、死因贈与といった方法があり、契約書や遺言書を作成することで行います。

1. 概　要

遺贈寄附には、生前寄附、（狭義の）遺贈寄附、相続人寄附及び法人寄附がありますが、法律上どのような方法（法形式）で行うのかという視点で整理しますと、次のようになります。

【図表１：遺贈寄附の種類と法形式】

種　類	法形式
生前寄附	贈与、信託
（狭義の）遺贈寄附	遺贈、信託、死因贈与
相続人寄附	贈与、信託
法人寄附	贈与、信託

2. 贈　与

寄附者（贈与者）と寄附を受ける公益団体等（受贈者）との間で贈与契約（民549）を締結して行います。

【図表２：贈与契約のしくみ】

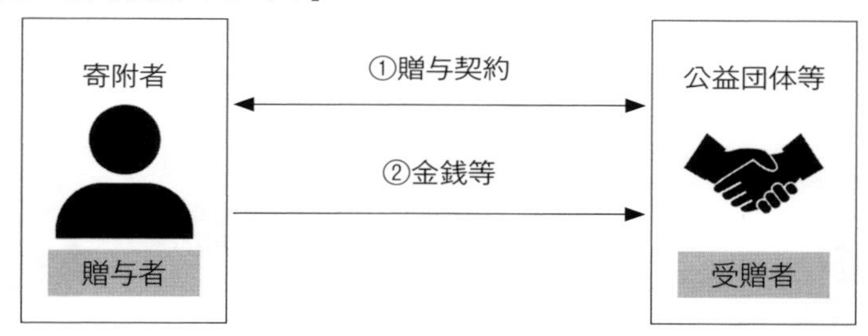

寄附の法的構成については信託的譲渡説等諸説ありますが、本書は他の方法と比較してわかりやすい、贈与として説明することとします。

3. 信　託

寄附者（委託者）と信託銀行等（受託者）との間で信託契約（信法３一）を締結するか、寄附者（委託者・遺言者）が遺言をし（信法３二）、信託銀行等が引き受けることにより行います。信託銀行等に一旦財産が移ります。信託銀行等は契約や遺言で定められたところに従い、引き受けた財産を管理・運用して、公益団体等へ引き渡します。寄附をするために利用できる信託については、後述のQ9を参照してください。

【図表３：契約による信託のしくみ（一例）】

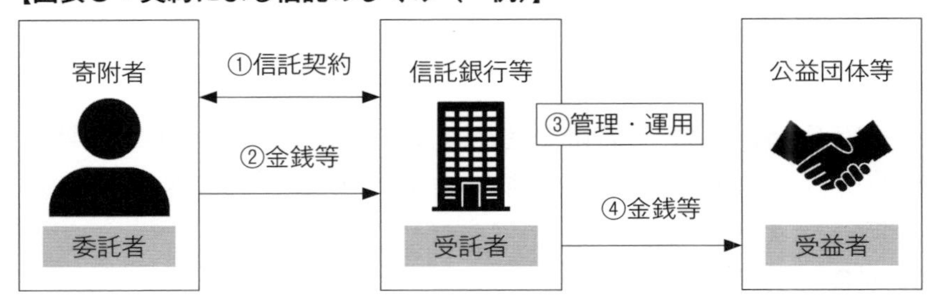

【図表４：遺言による信託のしくみ】

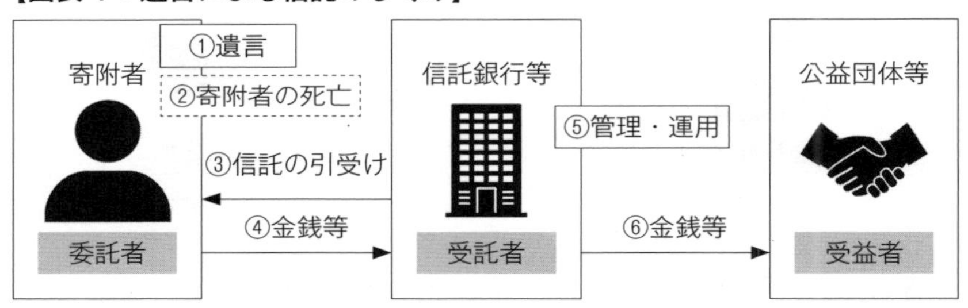

4. 遺　贈

寄附者（遺言者）が遺言をすることにより行います（民964）。寄附者（遺言者）の死亡によって効力が生じ、相続人または遺言執行者が名義変更等の手続きを行い、寄附を受ける公益団体等（受遺者）へ財産を引き渡します。主に、公正証書遺言（Q4）か自筆証書遺言（Q5）により行います。

【図表5：遺贈のしくみ】

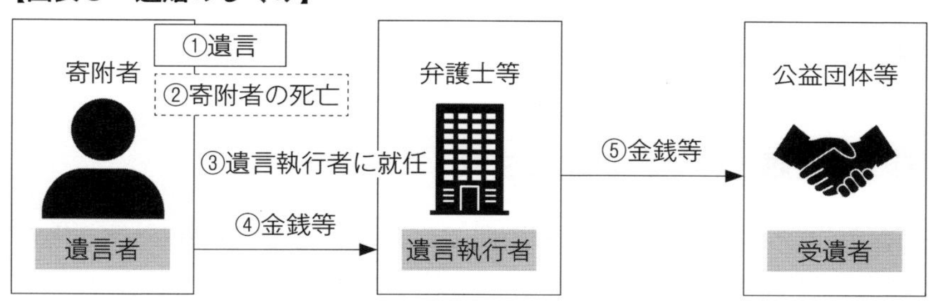

5. 死因贈与

寄附者（贈与者）と寄附を受ける公益団体等（受贈者）との間で、寄附者が死亡したときに効力が生じる旨の契約（死因贈与契約。民554）を締結して行います。名義変更等の手続きは寄附者が死亡してから行うことになるため、執行者を定めることもあります。

【図表6：死因贈与のしくみ】

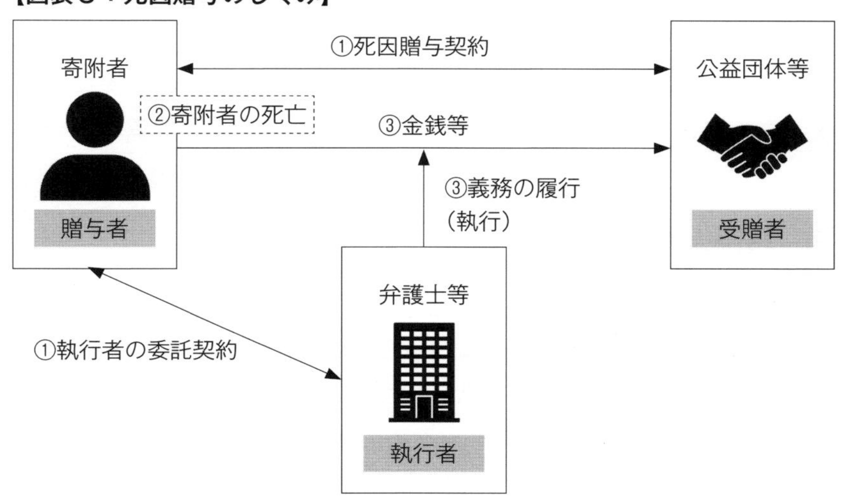

6. 留意点－コミュニケーションが大切

⑴ 誰と誰との手続きかに注意

寄附を受ける公益団体等との間で直接契約をして寄附を行う場合（贈与、死因贈与）には、契約を締結する過程において、双方の事情や都合をお互いに十分に理解する機会があります。一方、寄附を受ける公益団体等の関与が必ずしも必要のない方法の場合（信託、遺贈）には、寄附の申入れが寄附を受ける公益団体等の事情に合わなければ、公益団体等は、謝絶（受益権の放棄（信法99)、遺贈の放棄（民986)）せざるを得なくなってしまいます。

また、後述するように、寄附者の死亡後になされる寄附の場合（信託の一部、遺贈、死因贈与）には、遺された法定相続人の意見に押し切られ、寄附がなされないといった事態にもなりかねません。

たしかに、遺言書は書換え自由ですし、気が変われば寄附を取りやめることもあり得ることから、予め寄附先の公益団体等に相談するのは気が引けたり、また、家族に予め話しておくことに抵抗を感じたりすることもあるでしょう。ただ、寄附者の想いを確実に実現するためには、法律上のいずれの方法をとるにせよ、関係者間のコミュニケーションが重要です。

⑵ 相続人寄附について

相続人寄附は、遺産を相続した相続人が公益団体等に対して寄附をするもので、上記の法形式によると贈与または信託になります。つまり、相続人が公益団体等との間で贈与契約や信託契約を結ぶことで実現することができます。そのため、被相続人（亡くなった方）の寄附したいとの意思を相続人に理解してもらわないと叶いません。

相続人寄附による場合には、被相続人の意思を相続人に伝える方法として、手紙、エンディングノートや遺言書の付言事項等があります。①誰に対して寄附したいのか（寄附してもらいたい分野）、②何をいくら寄附したいのか（財産の種類と数量・金額）、③なぜ寄附したいのか（動機や経緯）を書いておくとよいでしょう。

もっとも、これらの方法は、寄附をする義務を相続人に負わせるものではありません。法的に確実に寄附したい場合には、相続人の協力が不要な遺贈や信託による寄附のほうが適切です。

Q2 遺言書の作成方法

遺言書にはどのような事柄を書くことができますか。書かなければいけないことや、書いておいたほうがよいことはありますか。

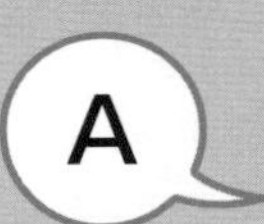

遺言書は方式が厳格で、法的に有効な遺言とするために書くべき内容は法律で定められています。それとは別に、円滑に遺言の内容を実現するために書いておいたほうがよい事柄もあります。

1. 遺言の種類

遺言の種類は、民法で次のとおり定められており、方式を誤ると原則無効になってしまいます（民960）。

【図表１：遺言の種類】

普通方式
自筆証書遺言（民968）、公正証書遺言（民969）、秘密証書遺言（民970）
特別方式
一般危急時遺言（民976）、伝染病隔離者遺言（民977）、在船者遺言（民978）、難船危急時遺言（民979）

2. 遺言で定めることができる事項

(1) 遺言事項の法定

遺言でできることは、法律で定まっており、それ以外の事柄を記載しても法律上の効力は生じません。

【図表2：遺言事項】

法定相続に関して
推定相続人の廃除（民893）及び廃除の取消（民894②）、相続分の指定（民902）、遺産分割方法の指定及びその委託並びに遺産分割の禁止（民908）、遺産分割の際の担保責任に関する別段の定め（民914）
財産処分に関して
包括遺贈及び特定遺贈（民964）、以下の事項についての別段の定め（受遺者の相続人による承認・放棄（民988）、停止条件成就前の受遺者の死亡（民994②）、受遺者の果実収受権（民992）、遺言の無効又は失効の場合の目的財産の帰属（民995）、相続財産に属しない権利の遺贈における遺贈義務者の責任（民997②）、受遺者の負担付遺贈の放棄（民1002②）、負担付遺贈の受遺者の免責（民1003））
遺言の執行・撤回に関して
遺言執行者の指定及びその委託（民1006①）、以下の事項についての別段の定め（特定財産に関する遺言の執行（民1014④）、遺言執行者の復任権（民1016①）、共同遺言執行者（民1017）、遺言執行者の報酬（民1018）、遺言の撤回（民1022））
遺留分に関して
目的物の価額による遺贈・贈与の負担に関する別段の定め（民1047①二）
家族関係に関して
遺言認知（民781②）、未成年後見人の指定（民839）、未成年後見監督人の指定（民848）
解釈・民法以外の法律によるもの
祭祀主宰者の指定（民897）、特別受益者の持戻しの免除（民903③）、一般財団法人の設立（一般法人法152②）、信託の設定（信法３二）、保険金受取人の変更（保険法44、73）

（二宮437頁を基に、一部表現を変更のうえ筆者作成）

⑵ 付言事項

法律上の効力は生じませんが、事実上の影響力を期待できるのが付言事項です。遺言の内容は、遺言者が死亡してはじめて相続人に知らされることもあるでしょう。しかし、そのときには、もはや遺言者の気持ちを問い質すことはできません。遺言がなければ財産を相続するはずであった法定相続人が不満を持ち、遺留分侵害額請求をしたり、遺言の無効を主張したりするかもしれません。遺贈寄附をすることにした動機や経緯、法定相続人への感謝や想いを伝えて、"わかってもらう最後の機会"として付言事項は重要な機能を果たします。

3. 遺言をする際に守らなければならない原則等

すべての遺言に共通して守らなければならない事項があります。違反すると遺言書が無効になります。

⑴ 遺言代理の禁止

遺言は遺言者自身がしなければならず、代理人によってすることはできません。自筆証書遺言は、遺言者本人が手書きをしますし、公正証書遺言は、遺言者本人が公証人に対し遺言内容を伝えます。

⑵ 共同遺言の禁止

２人以上の者が同一の証書で行った遺言（共同遺言）は無効です（民975）。夫婦２人が遺言する場合であっても、それぞれ１通ずつ作成する必要があります。

⑶ 同時存在の原則

遺言者（寄附者）の死亡時（相続開始時）において、相続人・受遺者（公益団体等）は、現に存在していなければなりません。たとえば、遺言者の死亡時にまだ生まれていない孫（胎児は除きます（民886①））や、未だ存在しない法人に対し遺贈することはできません。

(4) 遺言自由の原則

遺言者は、自由にいつでも、遺言をすることができ、自由に変更し（民968③、970②、982）、撤回（民1022）することができます。また、遺言者は、遺言により自分の財産について法定相続とは異なる相続をさせることができます。ただし、遺留分（民1042以下）による制約があります（後述するQ6参照）。

(5) 遺言能力が必要

遺言能力とは、自分がする遺言の内容及びそれによる法律効果を理解し、判断することができる能力です。遺言能力のない者による遺言は無効です。遺言者が認知症等により判断能力が低下している場合は注意が必要です。

4. 遺言執行者の指定

遺言に書かれたとおりに財産を引き渡したり、名義変更手続をしたりする義務を負うのは、法定相続人です。しかし、法定相続人が遺言書どおりに手続きを行わないこともありますので（遺言書のせいで相続できなくなった法定相続人ならば尚更です）、遺言において遺言執行者を定めることができます（民1006①）。

指定がないときは、法定相続人全員の協力を得るか、家庭裁判所に申立てをして遺言執行者を選任してもらわなくてはなりませんので（民1010）、遺言執行者の指定はしておいたほうがよいでしょう。

なお、遺言執行者がいる場合であっても、法定相続人が遺言に反する相続財産の処分をしたときは、善意の第三者に対してはその処分の無効を対抗することができませんので（民1013②）、遺言者（寄附者）の相続開始後速やかに遺言執行ができるようにしておくことはとくに重要です。

遺言執行者には、受遺者である公益団体等を指定することもできますし、弁護士等の第三者を指定することもできます。遺言執行者として実際に手続きを行えるかどうかは、その公益団体等次第です。事前に確認しておくのがよいでしょう。

また、信託銀行等が提供する「遺言信託」では、信託銀行等が遺言執行者に就任します。ただし、弁護士法の規制があるため、相続人間で争いのある案件等については、信託銀行等は遺言執行者に就任しないという取扱いもあります。相続人間で紛争が懸念される場合には、弁護士を指定することも検討したほうがよいでしょう。

【図表３：遺言執行者の主な権限と義務】

権　限
相続財産の管理その他遺言の執行に必要な一切の行為（民1012①）
遺贈の履行（民1012②）
特定財産承継遺言の対抗要件具備（民1014②）
復任権（第三者へ委任する権限）（民1016①）
義　務
相続人への報告義務（民1012③・645）
相続人への遺言内容の通知義務（民1007②）
相続財産の目録作成・相続人への交付義務（民1011）

（二宮464頁以下の記述を基に筆者作成）

Q3 遺贈の種類――特定遺贈と包括遺贈

遺贈の種類にはどのようなものがありますか。

渡す財産の範囲の指定の仕方によって、大きく分けて、包括遺贈と特定遺贈の２種類があります。

1. 遺贈の種類

遺贈には、包括遺贈と特定遺贈があります。いずれであるかにより寄附を受ける公益団体等にとって大きな違いが生じますので注意が必要です。

(1) 包括遺贈

包括遺贈は、遺言者が相続開始時に有する財産の全部または割合で示した一部を対象とする遺贈です（民964）。

以下のような種類のものがあります。

「全部包括遺贈」：１人の受遺者に対し相続財産の全部を遺贈する包括遺贈のこと

> 例）遺言者は、遺言者の有するすべての財産を、B法人に包括して遺贈する。

「割合的包括遺贈」：割合で示した一部を遺贈する包括遺贈のこと

> 例）遺言者は、遺言者の有するすべての財産について、次の者に、次の割合で遺贈する。
> B法人　5分の3
> C法人　5分の2

※　ただし、この場合、B法人とC法人とで遺産分割が必要になるのでお勧めしません。

(2)　特定遺贈

特定遺贈は、特定の財産を対象とする遺贈です（民964）。

> 例）遺言者は、次の不動産をD法人に遺贈する。
> ①土　地
> 所在　○○県○○市○○町○丁目
> 地番　○番○
> 地目　宅地
> 地積　○○平方メートル
>
> ②建　物
> 所在　○○県○○市○○町○丁目○番地
> 家屋番号　○番○
> 種類　居宅
> 構造　木造瓦葺平屋建
> 床面積　○○平方メートル

2. 包括遺贈と特定遺贈の違い

両者の違いは、次のとおりです。

【図表1：包括遺贈と特定遺贈の違い】

	包括遺贈	特定遺贈
対象財産の範囲	債務も引き継ぐ。	債務は引き継がない。
遺産分割への参加の要否	必要 （全部包括遺贈なら不要）	不要
放棄の方法	家庭裁判所への申述（民990、938）	遺贈義務者（相続人・遺言執行者）に対する意思表示
放棄の期限	自己のための包括遺贈を知ってから3カ月（民990、915①）	催告を受けない限りいつでも（民986）。
相続開始前の財産の逸失	逸失後の財産に対する割合による。	当該財産についての遺贈が無効になる。

3. 留意点

(1) 対抗要件具備の必要性

遺贈により不動産を取得した場合、不動産移転登記手続をしなければ、第三者（たとえば、相続人の債権者）に対して受遺者が所有者であることを対抗することができません（民177）。株式の場合は株主名簿の書換（会社130）、債権の場合は債務者への通知（民467）が必要です。

⑵ 補充遺贈（予備的遺贈）の必要性

遺言者の相続開始前に寄附先の団体が解散等により存在しなくなった場合には、その遺贈は無効になります（民994参照）。

そのような場合に備えて、予備の寄附先を指定しておくことが考えられます（補充遺贈（予備的遺贈））。長寿化が進展していますので、相続開始まで長期間になることが見込まれる場合には、補充遺贈も定める必要が生じることがあります。

Q4　公正証書遺言

公正証書遺言の作成方法、メリットとデメリット、費用について教えてください。

公正証書遺言は、公証人に作成を依頼して作成します。形式の不備が避けられるなどのメリットがある反面、公証人手数料等の費用がかかります。公証人手数料は日本公証人連合会のウェブページに算定表が掲載されていますが、財産の内容を示して予め算定してもらうことになります。

1.　公正証書遺言の作成方法

(1)　公正証書遺言の作成の流れ

公正証書遺言を作成するときのおおまかな流れは、次のA～Dのとおりです。

A　公証人への相談
⬇
B　必要書類の提出
⬇

C　遺言書の案の確定

↓

D　遺言書の作成

なお、信託銀行は、「遺言信託」と称して、上記A～Dの手続きの支援と遺言書の保管、遺言の執行を一括して行うサービスを提供しています。弁護士も同様の業務を行うことができます。

(2)　公証人への相談（A）について

公証人に対し、どのような財産を誰に対し渡したいかなど希望を伝え、どのような遺言条項が考えられるか相談します。

この段階で、遺言者は寄附先としたい公益団体等に対する事前の問合せをするなどして受遺者を決めます。

(3)　必要書類の提出（B）について

公証人に対し、主に**図表1**に掲げる書類を提出します。

実際に提出を要する書類は公証人ごとに異なることもあります。作成を依頼する公証人に確認するのが肝要です。

(4)　遺言書の案の確定（C）について

公証人により遺言者の希望を踏まえた遺言条項の案が作成され、公証人から嘱託人（遺言者）に対し、遺言の効力や問題点についての説明や助言がなされます。

(5)　遺言書の作成（D）について

①　おおまかな手順

証人2名の立会いの下、遺言者が遺言の趣旨を公証人に口授します。公証人がそれを筆記し、遺言者と証人に読み聞かせまたは閲覧

【図表１：公証人への提出書類の例】

提出書類の種類	提出の主な趣旨
遺言者の印鑑証明書（作成後３カ月以内） （実印は遺言書作成当日に持参）	遺言者の本人性・遺言が遺言者の意思に基づいていること
遺言者と相続人との続柄がわかる戸籍の謄本、抄本または戸籍事項証明書	親族関係
受遺者となる者（相続人以外の個人）の住民票	受遺者となる者の氏名・住所
受遺者となる公益団体等の資格証明書	受遺者となる者の名称・所在地
遺言執行者となる個人の住民票または法人の全部事項証明書	遺言執行者となる者の氏名・住所等
証人となる者の運転免許証等（公証役場に紹介を依頼する場合は不要）	証人となる者の氏名・住所等
不動産登記全部事項証明書（登記簿謄本）	不動産の特定
借地権設定契約書、賃貸借契約書	借地権や賃借権の内容
預貯金通帳のコピー、残高証明書	預貯金口座の所在、預貯金の金額
固定資産税納税通知書・固定資産評価証明書	不動産の価額

させます。その筆記が正確なことを承認した遺言者と証人がそれぞれ署名押印し、最後に、公証人が民法969条第１号ないし第４号所定の方式に従って作成したことなどを付記して、署名押印します（民969）。

実務上は、公証人への口授と公証人による筆記については、予め用紙に印字された遺言文案をもとに公証人が遺言者に対しその内容に間違いないかを説明・確認して行われることがあります。

②　証人について

遺言者が連れていくこともできますが、公証役場へ依頼することで証人となる人を手配してもらうこともできます（別途謝礼が必要です）。

次の者は、証人になることができません（民974）。

・未成年者　・推定相続人、受遺者、これらの者の配偶者と直系血族（親や子等）　・公証人の配偶者や公証人の四親等内の親族、公証人の書記と使用人

2. 公正証書遺言のメリット

自筆証書遺言（Q5参照）と比較した場合のメリットとして次のようなものが挙げられます。

(1) 形式不備による無効を避けられる

公証人が作成に関与しますので、遺言書の形式の不備によって法的に無効になることを防ぐことができます。

(2) 偽造、紛失等のリスクがない

遺言書の原本は公証役場が保管しますので、遺言書の偽造や紛失、関係者に隠されてしまうおそれがありません。

遺言者が亡くなった後は、相続人は、公証役場で公正証書遺言が保管されているかを検索してもらえるため、遺言書が発見されない心配がありません。

(3) 速やかに遺言執行ができる

公正証書遺言は、家庭裁判所による検認の手続きが不要です（民1004②）。遺言者の死亡後、すみやかに遺言の執行ができます。

3. 公正証書遺言のデメリット

自筆証書遺言（**Q5** 参照）と比較した場合のデメリットとして次のようなものが挙げられます。

(1) ２名以上の証人が必要

証人２名以上の立会いが必要ですので（民969①一）、適当な人がいない場合には費用を負担して公証役場で手配してもらわなければなりません。

(2) 公正証書作成の手数料がかかる

後述の公証人手数料がかかります。書換えや変更のときも、一から作成する場合と同様の手続きになりますので、その都度手数料が必要になります。

4. 公正証書遺言作成の費用

基本的な算出方法は、**図表２**のＡ～Ｄのとおりです（日本公証人連合会のウェブページ https://www.koshonin.gr.jp/business/b01 を参照）。

【図表２：公証人手数料の算定方法の概要】

A　相続または遺贈を受ける相手方（相続人や受遺者）ごとに、それぞれが受け取る財産の金額を算出し、以下の表に当てはめて、その金額に対応する手数料額を算出します。

目的の価額	手数料
100万円以下	5,000円
100万円を超え200万円以下	7,000円
200万円を超え500万円以下	1万1,000円
500万円を超え1,000万円以下	1万7,000円
1,000万円を超え3,000万円以下	2万3,000円
3,000万円を超え5,000万円以下	2万9,000円
5,000万円を超え1億円以下	4万3,000円
1億円を超え3億円以下	4万3,000円に超過額5,000万円までごとに1万3,000円を加算した額
3億円を超え10億円以下	9万5,000円に超過額5,000万円までごとに1万1,000円を加算した額
10億円を超える場合	24万9,000円に超過額5,000万円までごとに8,000円を加算した額

⬇

B　上記Aの受け取る相手方ごとの手数料の金額を合計します。

⬇

C　遺言により承継する財産全体が１億円以下の場合には、上記Bの金額に１万1,000円を加算します。

⬇

D　公証人が遺言者の自宅や入院先等に赴いて公正証書を作成するときは、上記Bの手数料が50％加算となるほか、日当と交通費が掛かります。

⬇

E　おおよそ遺言書（原本、正本、謄本）の枚数１枚につき250円が別途かかります。

大まかな算出方法は以上のとおりですが、正式な手数料の額は、財産の評価額がわかる書類等を提出して算出してもらい、決定されることになります。

5. 遺贈寄附をするならば公正証書遺言がよい

Q5 にて自筆証書遺言について説明しますが、遺贈寄附をする場合には、公正証書遺言のほうが適切と考えます。

法定相続人の中には、遺贈寄附の分だけ自分が取得できる財産が減少またはゼロになってしまうとして、遺言者（寄附者）の意思無能力を理由として遺言が無効であると主張する人がいることも考えられます。遺贈寄附を受ける公益団体等と遺言者との関係には濃淡があり、極端な場合には一度も会ったことのない遺言者から寄附を受ける場合もあるでしょう。そういった場合に、遺贈寄附を受ける公益団体等は遺言者に十分な意思能力があったと反論することは困難です。とくに自筆証書遺言ですと反論の手掛かりすらありません（遺言者本人の筆跡がわかるものは法定相続人側（たとえば実家等）にあります）。裁判に応じる負担を考えて寄附を放棄（遺贈の放棄）せざるを得なくなることもあるでしょう。

遺贈寄附を受ける公益団体等は、公益活動のために必要最少人数で活動されているところが大半です。遺贈寄附をするならば、公益団体等が公益活動に集中できるように、余計な負担をかけない方法によることも大事ではないでしょうか。

Q5 自筆証書遺言

Q 自筆証書遺言の作成方法や、メリットとデメリット、遺言書保管制度について教えてください。

A 遺言者が全文自筆で記載するなど厳格な方法を守る必要があります。自分１人で書けるメリットがありますが、その分無効とされるリスクも高いといえます。

遺言書保管制度は、法務局で自筆証書遺言を預かってもらえる制度で、検認が不要になったり、紛失の危険がなくなったりするなどメリットがありますが、留意すべき点もあります。

1. 自筆証書遺言の作成方法

⑴ 用意するもの

用紙、筆記用具及び印鑑を用意します。用紙や筆記用具について法律による制限はありませんが、ほかの物と紛れて誤って廃棄されたり、発見されなかったりすることのないようにA4等の大きめの用紙に、ボールペンや万年筆で書くのがよいでしょう。感熱紙、鉛筆やフリクションボールペンは文字が消えてしまうおそれがあるので避けるのが無難です。

(2) 作成方法

自筆証書遺言は、①原則全文自書、②日付の記載、③署名と押印が必要になります（民968①）。

① 原則全文自書

遺言者自身が、遺言書の全文を自書（手書き）しなければなりません。ただし、遺言により承継させる財産内容を示す目録を添付するときは、その目録についてはワープロ等により作成することができます。通帳のコピーや不動産登記事項証明書を目録として利用することもできます。この場合は、目録の各ページに遺言者が署名・押印します（民968②）。

② 日付の記載

遺言書を作成した年月日を手書きします。

③ 署名と押印

遺言者本人の氏名を手書きして、印鑑を押します。認印でも構いません。

2. 自筆証書遺言のメリット

公正証書遺言（**Q4**）と比較した場合のメリットとして次のようなものが挙げられます。

(1) 遺言者１人で書くことができる

誰の協力も得ることなく書くことができるので、遺言をしたこと自体や遺言の内容を誰にも知られることはありません。ただし、遺言者の関係者が誰も遺言の存在を知らないと、遺言がないものとして法定相続、遺産分割がなされることになってしまうので注意が必要です。書き直しも遺言者だけでできます。

(2) 費用がかからない

紙と筆記用具と印鑑さえあれば書くことができます。

3. 自筆証書遺言のデメリット

公正証書遺言（Q4）と比較した場合のデメリットとして、次のようなものが挙げられます。

(1) 形式の不備や内容の不明瞭

弁護士等から適切なアドバイスを得ずに作成した場合、法律の定める形式を備えておらず遺言が無効となったり、文意が不明瞭で多様な解釈が生まれ、それが相続人等の関係者間での争いの原因となったりするおそれが高いといえます。

とくに訂正の方法は難しく、これに違反した場合には元の字句も含めて無効とされ、その部分（財産）について遺言を欠く状態になり、法定相続されることになります。

(2) 偽造、紛失、隠匿の危険性

遺言書を遺言者の自宅に保管した場合、その遺言によると不利益を受けることになる相続人が偽造したり、隠したりする危険がありますし、遺言者本人がどこに保管したかを忘れてしまうこともありえます。

(3) 検認が必要

遺言者の死後、遺言のとおりに名義変更等を行うには、家庭裁判所に対し遺言書を提出し、その状態を確認してもらう検認手続を経なければなりません（民1004①）。遺言者や相続人全員の戸籍を集

めて提出したり、手続き自体に1～2カ月を要したりと手間と時間がかかります。

4. 遺言書保管制度について

2020年7月10日から法務局（遺言書保管所に指定されている所に限ります。以下同じ。）にて自筆証書遺言を保管してもらうことができるようになりました。上記**3**のデメリットの一部を解消することができます。

(1) 遺言書の保管を申請するときの手順

A 遺言者本人がその住所地、本籍地または所有不動産の所在地のいずれかの法務局に出頭し、自筆証書遺言と申請書、添付書類を提出し保管の申請をします（遺保法4①、③、⑤、⑥）。

⬇

B 自筆証書遺言は、定まった様式に従い作成し、ホチキス止めや封はせず提出します（遺保法4②）。

(2) 保管中の取扱い

原本が保管されるだけでなく遺言書の画像データも保存されます（遺保法6、7）。遺言者は、法務局で遺言書（原本や画像）を閲覧したり（遺保法6②）、保管の申請を撤回し遺言書を取り戻したり（遺保法8①、④）することができます。

一方、遺言者の推定相続人や受遺者、遺言執行者等の遺言者本人以外の者は、保管された遺言の内容はもちろん遺言の有無も法務局に対し確認することはできません。

(3) 遺言者が死亡した後の手続き

遺言執行をするために、遺言執行者や相続人は、法務局で遺言書情報証明書の交付（遺保法９①）を受けます。検認は不要なので、その証明書をもって各種名義変更手続をします。

⑷　手数料

遺言書保管制度の利用のための手数料は、次のとおりです。

【図表１：遺言書保管制度の手数料】

申請・請求の種別	申請・請求者	手数料
遺言書の保管の申請	遺言者	１件につき、3,900円
遺言書の閲覧の請求（モニター）	遺言者 関係相続人等	１回につき、1,400円
遺言書の閲覧の請求（原本）	遺言者 関係相続人等	１回につき、1,700円
遺言書情報証明書の交付請求	関係相続人等	１通につき、1,400円
遺言書保管事実証明書の交付請求	関係相続人等	１通につき、800円
申請書等・撤回書等の閲覧の請求	遺言者 関係相続人等	一の申請に関する申請書等または一の撤回に関する撤回書等につき、1,700円

法務省ウェブページ（https://www.moj.go.jp/MINJI/minji06_00010.html）より一部改変

⑸　遺言書保管制度のメリットと注意点

遺言書保管制度を利用した場合にはいくつかメリットがありますが、利用にあたっての注意点もあります。

①　メリット

（イ）検認が不要になります（遺保法11）。

（ロ）遺言者の死亡後、自らが相続人や受遺者等として関係する遺言書の有無を全国の法務局で検索することができ（遺言書保管事実証明書の交付請求。遺保法10）、自筆証書遺言の有無を速やかに確認できます。

（ハ）原本は法務局に保管されるため、遺言書の紛失、破棄や改ざんのリスクがありません。

（ニ）次のような通知が法務局からなされるため、遺言書の存在を相続人へ知らせることができます。

名　称	関係遺言書保管通知 （遺保法９⑤）	死亡時の通知 （遺言書保管事務取扱手続準則19）
要　件	遺言者の死亡後にその相続人や遺言執行者等が保管されている遺言書を閲覧しまたは遺言書情報証明書の交付を受けたとき	遺言者が保管の申請時に通知先を指定した場合で遺言書保管官が遺言者の死亡の事実を確認したとき
通知先	上記閲覧をし、または上記交付を受けた者以外のすべての関係相続人等	遺言者が指定した１名（遺言者の推定相続人並びに遺言書に記載された受遺者等及び遺言執行者等）

② **注意点**

（イ）遺言書の形式的な要件についてのみ審査されるため、遺言の内容の適法性や、遺言者の意思能力が保証されるものではありません。

（ロ）自筆証書遺言の様式（余白や表面のみ記載等）が指定されています。法務省のウェブページ（「自筆証書遺言書の様式について」https://www.moj.go.jp/MINJI/minji06_00057.html）に様式例や罫線付きのPDFがあります。

（ハ）遺言者本人が法務局に出頭しないと利用することができません。また、公正証書遺言における公証人の出張のような制度はありません。

（ニ）遺言者の相続が開始するまで、遺言者本人以外の者は、遺言書の検索（遺言書保管事実証明書の交付請求）をすることはできません。

（ホ）遺言書の原本の閲覧は、それが保管されている法務局に対してのみ請求することができます（遺言書の検索と、遺言書の画像の閲覧は、全国の法務局でできます)。

(ヘ) 法務局に預けた遺言を撤回するときは、預けていない遺言と同じく、新しい遺言で撤回することができます。撤回するのに法務局に対する手続きは必要ありません(中込302頁)。そのため、法務局に預けた遺言書よりも作成日付の新しい遺言があれば、そちらが優先することになります。法務局での保管は、「遺言書の保管」であって、「遺言の有効性の保全」までも保証するものではありません。

(ト) 関係遺言書保管通知にせよ死亡時の通知にせよ、受遺者や遺言執行者等として遺言に記載された者が転居したときに法務局に対する変更届をしないと、通知が届かないということになりかねません。また、住所や氏名の正確性の担保のために受遺者や遺言執行者等の住民票の写しの提出を求められることがあり、その取得に手間がかかることもあります。

Q6 遺留分とは

Q 遺留分とはどのようなものですか。

A 兄弟姉妹以外の相続人（配偶者と直系卑属、直系尊属）に法律上保障された相続財産についての取り分です。この取り分に満たない相続財産しか取得できなかった相続人は、遺贈等で財産を受けた者に対して、その不足分の金銭の支払いを請求することができます。

1. 遺留分の意義

遺留分とは、遺贈や贈与がなされても、一定の相続人に対し確保することが法律上保障されている相続財産についての取り分のことをいいます。遺留分をもつ相続人を遺留分権利者といいます。なお、個人（自然人）の相続に関する権利ですので、法人が寄附をする法人寄附では問題になりません。

なお、遺留分は、相続開始前に家庭裁判所の許可を受けて放棄することができます（民1049）。

⑴ 遺留分の割合の決まり方

遺留分は、原則、法定相続分の２分の１です。ただし、相続人が直系尊属（父母や祖父母のこと）のみであるときは３分の１になります（民1042）。また、兄弟姉妹に遺留分はありません。具体的には、次のとおりです。

【図表１：相続人の構成とその遺留分の割合】

相続人の構成	遺留分の割合
配偶者のみ	１／２
配偶者と子	配偶者１／４　子１／４（※）
配偶者と直系尊属	配偶者１／３　直系尊属１／６（※）
配偶者と兄弟姉妹	配偶者１／２　兄弟姉妹０
子（または直系卑属（孫））のみ	１／２（※）
直系尊属のみ	１／３（※）
兄弟姉妹のみ	０

（※）複数人いるときは、さらに人数割します（民1042②、900四）。

⑵ 遺留分を算定するための財産の価額の決まり方

遺留分を算定するための財産（遺留分算定基礎財産）の価額は、以下の算式により算出します（民1043）。

遺留分算定基礎財産＝〔被相続人が相続開始時点で有していた財産の価額（遺贈した財産を含む）〕＋〔被相続人が贈与した価額〕－〔被相続人の債務の全額〕

なお、上記算式の「贈与」には、次のものが含まれます（民1044）。

- 相続開始前の１年間に締結された契約によりなされた贈与（公益団体等に対する贈与も含みます）
- 相続人に対する、相続開始前の10年間になされた贈与（婚姻や養子縁組のためか、生計の資本としてのもののみ）
- 贈与の当事者双方が遺留分権利者に損害を加えることを知ってなされた贈与

(3) 遺留分額の計算

遺留分権利者が遺留分として確保できる金額を計算します。

例）遺留分算定基礎財産6,000万円で、相続人が子（３人）である場合
6,000万円×１／２×１／３（法定相続分）＝1,000万円（遺留分額）

具体例は、Q7を参照してください。

2. 遺留分を侵害した遺言の効力

遺留分を侵害した遺言であっても無効にはなりません。遺言に書かれたところに従って遺産は承継されることになります。受遺者である公益団体等は、遺贈を受けます。もっとも、遺留分を侵害された遺留分権利者は、遺留分侵害額請求（下記**３**及び Q7 参照）をすることができます。

3. 遺留分侵害額請求

遺留分を侵害された遺留分権利者が、遺留分を侵害する贈与や遺贈を受けた者（受贈者、受遺者）に対して金銭の支払いを請求することができるのが遺留分侵害額請求です（民1046）。寄附が遺留分を侵害していると、公益団体等が支払いを請求される事態も生じま

す。具体例は、**Q8**を参照してください。

(1) 遺留分侵害額の計算

支払いを請求することができる金額（遺留分侵害額）は、次の算式により算出します。

遺留分侵害額＝〔遺留分額〕－〔遺留分権利者が受けた遺贈・贈与（特別受益）により受けた金額〕－〔遺留分権利者が遺産分割において取得すべき財産の価額〕＋〔遺留分権利者が相続によって負担する債務の額〕

(2) 受遺者・受贈者の負担額

遺留分を侵害した受遺者や受贈者は、遺贈や贈与によって得た財産の価額を上限として、遺留分侵害額を支払うことになります（民1047）。

(3) 期間制限

遺留分侵害額請求権の行使には期間制限があります（民1048）。遺留分権利者は、期間内に、遺留分を侵害した受贈者や受遺者に対し、遺留分侵害額請求をする旨の意思表示をします。

- 遺留分権利者が、相続開始と遺留分を侵害する贈与または遺贈があったことを知った時から１年
- 相続開始時から10年

Q7 遺贈寄附と遺留分の関係

遺贈寄附により遺留分を侵害した場合の具体例について教えてください。信託をすれば遺留分の適用を受けなくて済むのでしょうか。

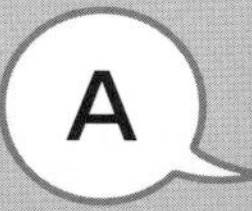

設例を前提に計算過程を示したので参照してください。信託も遺留分制度の適用を受けます。

1. 遺贈寄附が遺留分を侵害していた場合

公益団体等が遺贈寄附を受けたものの、寄附者の相続人（遺留分権利者）の遺留分を侵害していた場合にどうなるかについて、次の設例で確認します。

【設　例】

寄附者Aは、2020年12月31日に死亡した。Aは、次の①～④の寄附をしていた。なお、Aの相続人は、子3人（X、Y、Z）である。Aに債務はなかった。子Xは、①～④の各寄附がなされたことを知り、納得がいかず遺留分侵害額請求をすることを検討している。

① Aは、自分の誕生日である1月1日に2011年から毎年10万円を公益法人Bに寄附していた。Aには遺留分を侵害する認識はなかった

（生前寄附）。

② Aは、遺言を残しており、すべての財産（相続財産5,000万円）は公益法人Cに寄附すると書いていた（(狭義の) 遺贈寄附）。

③ Aは、生前、運営していた資産管理会社Dから300万円を公益法人Eに寄附をした（法人寄附）。

④ Aは、2020年４月１日に妻Wを亡くしており、Wの遺志に従って、その遺産分割により取得した遺産から300万円を公益法人Fに寄附した（相続人寄附）。

2. 計 算

子Xからの受贈者・受遺者に対する請求額について計算します。

(1) Xの遺留分

相続人が子３人のみですので、１／２×１／３＝１／６がXの遺留分です。

(2) 遺留分算定の基礎となる財産の価額

5,000万円（相続財産（Cへの遺贈寄附を含む））＋100万円（Bへの生前寄附）＋300万円（Fへの相続人寄附）＝5,400万円

なお、資産管理会社DからEへの寄附（法人寄附）は、法人による寄附（贈与）ですので、A個人による贈与ではないため計算に含まれません。

⑶ Xの遺留分額

5,400万円×１／６＝900万円

⑷ 遺留分侵害額

900万円－（０円＋1,800万円）－０＝－900万円

⑸ 各受贈者・受遺者に対する請求金額

受贈者Ｂと受遺者Ｃのうち、民法1047条１項１号により、受遺者が先に遺留分侵害額を負担することになるため、Ｘは、5,000万円を取得した受遺者Ｃに対し、900万円の支払いを請求することができます。Ｃは、家庭裁判所に申し立てることにより、その支払いの全部または一部について支払期限の猶予をもらうことができます(民1047⑤)。

3. 信託を利用する場合

信託を利用して寄附が行われた場合（たとえば公益信託が利用された場合）であっても、それにより遺留分権利者が遺留分を侵害されれば、遺留分侵害額請求制度の対象となります（東京地裁平成30年９月12日判決金法2104-78参照)。

Q8 法務的観点からみたトラブル相談事例とトラブル回避のポイント

Q 遺贈寄附をした場合の法務的なトラブルにはどのようなものがありますか。また、トラブルを避けるにはどのようなところに注意したらよいですか。

A トラブルになりやすい遺贈寄附のパターンとして、遺留分侵害、包括遺贈、清算型遺贈が挙げられます。それぞれトラブルの原因がありますので、それを踏まえて行う必要があります。

1. 遺留分侵害

(1) 事　例

A（男性）は、妻に先立たれ、子Xがいる。Aは、Xとの仲が良くなく、遺産は途上国の支援に役立ててほしいと思い、そのような活動をしている公益団体Yに対し、すべての遺産を寄附する旨の遺言書を作成したいと考えている。

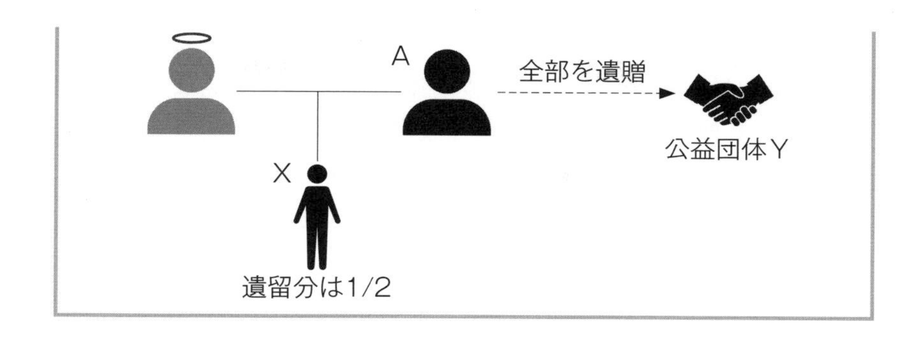

(2) トラブルの原因

兄弟姉妹以外の相続人には遺留分があります。全財産を遺贈寄附することは、この遺留分を侵害することになる可能性が高いといえます。遺留分を侵害された相続人は、受遺者Yに対し、遺留分侵害額請求権を行使し、金銭の支払いを求めることになります。また、寄附された財産が不動産である場合など評価額について意見が一致しないと、支払金額に関する紛争は長期化することになりかねません。

(3) トラブル回避のポイント

① 遺留分権利者等の確認

遺贈寄附を受け付けるにあたって、遺言者（寄附希望者）について、遺留分権利者の有無とその遺留分の割合、遺言者の全財産を把握し計算したうえで、遺留分を侵害しない範囲で遺贈寄附を受けることが考えられます。全財産の内容は、誰しも他人には話したくないものです。遺留分を侵害する遺贈は受けられないなどの説明をして納得してもらうか、たとえば、税理士との提携等により相続税額の試算をするサービスを提供するなどして、全財産を把握することが考えられます。

② 付言事項の活用

面と向かって相続人本人には言えないことを遺言書に添えて伝える付言事項は、最後のコミュニケーションの場といえます。事例は、「子Xと仲が良くない」という設定ですが、相手を非難するような内容ですとかえって遺留分侵害額請求権行使の意思を強めることにもなりかねませんので、寄附をしたい動機や経緯を理解してほしい旨の記載が中心となるでしょう。

③ 不動産を避ける

寄附を受けるにあたってのルールとして、評価者や評価方法により金額が上下する不動産等の財産の寄附は受けない、金銭のみとするというのも選択の1つでしょう。ただし、不動産は価値が大きく、寄附が円滑に受けられれば大きな資金になりますので、一律に対象から外すのも適当ではないでしょう。事例のXのような相続人の対応を見つつ、いざというときは遺贈を放棄することも考えられます。

2. 包括遺贈

(1) 事 例

A（男性）は、小売業を廃業後、不動産管理業を営んできた。妻も子もいない。資産として賃貸アパートがあるほか、これを建築した際のアパートローンが残っている。Aは、出身地で奨学金事業をしている公益団体Yに対し、財産の全部を寄附したいと思い、遺言書を作成しようと考えている。

⑵ トラブルの原因

包括遺贈は、受遺者に対し、積極財産（資産）だけでなく消極財産（債務）も含めて引き継がせるものです。事例のＹは、遺贈を承認すれば、アパートを取得しつつ、アパートローンも負うことになります。遺贈を放棄すれば、ローンを負いませんが、寄附を受けることができません。

⑶ トラブル回避のポイント

① 遺贈を受ける範囲の明示・事前説明

子どもがいないなど、ほかに財産を引き継がせたい人がいない、国庫に帰属するならば自分が応援したい活動をしている団体に寄附したいという単身者等は、文字どおり全財産を遺贈する旨の遺言をすることがあります。それが包括遺贈となると、前述のとおり、受遺者Ｙは、債務も引き受けるか、寄附そのものを諦めるかの判断に迫られます。

寄附を受ける団体としては、包括遺贈は受けるのか受けないのか、寄附を受け付ける財産の種類はどのようなものかなどを自らのホームページやパンフレット等で明らかにしておくのがよいでしょう。寄附に関する相談を受けたときは、包括遺贈ではせっかくの遺贈寄附が台無しになってしまうこともある旨を十分に説明し、包括遺贈ではなく、特定遺贈であることが明確になるような案内をするとよいでしょう。

② 包括遺贈であえて受ける場合

詳しくは、第３章第３節で説明されますが、特定遺贈により不動産等の資産の譲渡を受けると、相続人に譲渡所得税が課されることがあります。相続人からすると、自身はその不動産を取得しないのに、税金だけは負担することになり、場合によっては、受遺者Ｙに対しクレームがなされることが懸念されます。

不動産等の譲渡所得の金額が大きくなることが見込まれる規模の財産の寄附を受ける場合で、債務を返済しても残金があると見込まれるときは、包括遺贈であえて受けることも検討してよいでしょう。もっとも、寄附者との綿密な打合せが必要になるでしょう。

3. 清算型遺贈

(1) 事　例

A（女性）は、配偶者も子もなく、推定相続人は弟Xのみである。AとXは、親の介護が原因で仲違いしており、Aは、遺産はこれまで支援してきた国際協力団体Yに寄附しようと考えている。Yは、金銭のみの寄附を受け付けるとのことであったので、いわゆる清算型遺贈をすることを検討している。

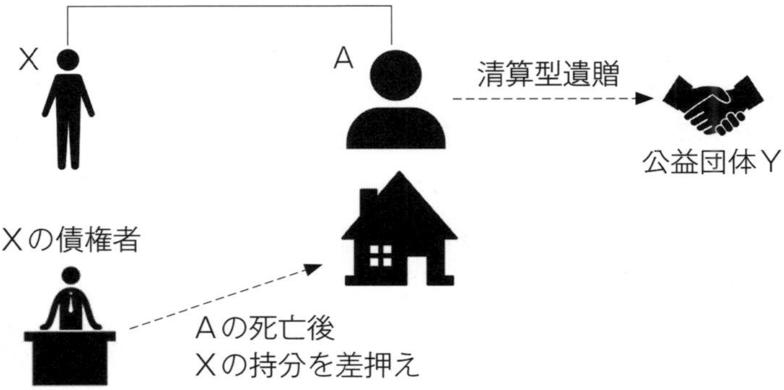

X

A

清算型遺贈

公益団体Y

Xの債権者

Aの死亡後
Xの持分を差押え

(2) トラブルの原因

相続財産の全部を売却換価のうえ、遺言者の債務を返済させて残金を遺贈するものを、清算型遺贈といいます。弁護士等の遺言執行者に売却換価、債務の返済、残金の遺贈をさせることが多いと思われます。このうちの売却換価（処分）が問題になります。

売却にあたっては不動産仲介業者に委託するなどして買主を募ることになりますが、相続の開始から売買契約・登記までに時間を要すると、その間に、これを良しとしない法定相続人Xが事情を知らない第三者へ不動産の持分を譲渡したり、Xの債権者から持分に対する差押えがなされたりすることがありえます（民1013②ただし書き、③)。この場合、不動産はこれらの第三者との共有になり、清算型遺贈は達成できず、Yは共有物分割手続をするか、別の第三者に安値で持分を売却するか、遺贈を放棄しなければならなくなります。

(3) トラブル回避のポイント

① 売却先の事前選定

相続開始から売買契約・登記までの時間を短縮するために、遺言者、寄附を受ける団体及び遺言執行者予定者の間で、遺言を作成する時点から不動産業者等の買主の目星をつけておくことが考えられます。もっとも、時間を短縮するにとどまりますので、隙を突かれる可能性は残ります。

② 信託の利用

時間的間隔をなくすには、相続開始前に不動産を移転させてしまうことが考えられ、それには信託が有用です。寄附者が生前に信託契約をしておけば、将来寄附されるべき不動産は、受託者の名義となり、寄附者が死亡しても法定相続人が持分を取得することはありません。ただし、受託者となるべき子等がいない場合（民事信託、家族信託）や、信託会社等が引き受けない場合（商事信託）には利用することができません。

Q9 信託を利用した寄附の方法

信託を利用した寄附にはどのような方法がありますか。

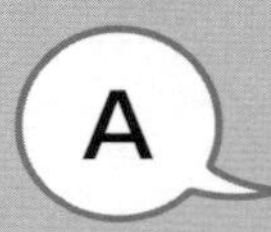

特定寄附信託、公益信託、遺言代用信託、生命保険信託、収益配当のための信託、財産処分のための信託などがあります。

1. 特定寄附信託（日本版プランド・ギビング）

(1) 概　要

金銭を信託銀行等に信託をし、その元本と運用益を毎年定期的に信託銀行等から公益法人等に対し寄附させ、寄附を受けた公益法人等からの公益活動の状況についての報告を受けることができます。

(2) 利用のメリット

特定寄附信託は、信託を通じて寄附を促進し、いっそうの公益活動を促すために創設されました。主なメリットは、①寄附すべき先がわからなくても、信託銀行等が予め寄附先の候補をリストアップしてくれている、②寄附を受け取った団体からの活動状況の報告を受けることができる、③寄附金控除等が受けられるという点が挙げられます。

【図表１：特定寄附信託のしくみ】

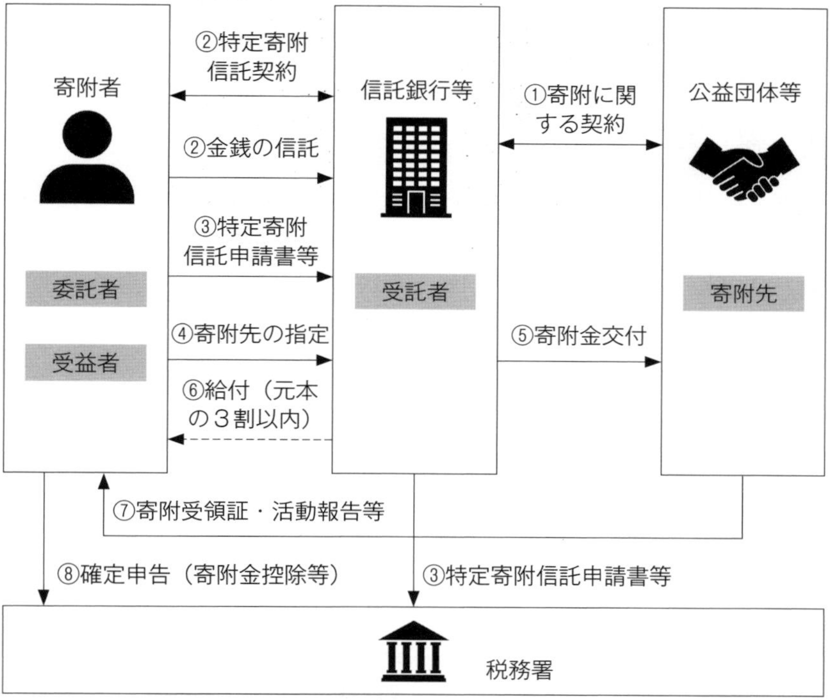

寄附者
委託者
受益者

信託銀行等
受託者

公益団体等
寄附先

税務署

②特定寄附信託契約
②金銭の信託
③特定寄附信託申請書等
④寄附先の指定
⑥給付（元本の３割以内）
①寄附に関する契約
⑤寄附金交付
⑦寄附受領証・活動報告等
⑧確定申告（寄附金控除等）
③特定寄附信託申請書等

（三菱721頁を基にして筆者作成。実際の商品内容は信託銀行ごとに異なります。）

⑶　留意点

信託することができるのは金銭のみであり、また、中途解約はできません。期間は５年以上10年以下の範囲内で、１年の整数倍の期間を指定することができます（たとえば、７年３カ月といった設定は不可）。寄附者（委託者）が死亡した場合には信託は終了し、その残余財産はすべて寄附先に帰属します。信託銀行等がリストアップする以外の公益団体等に対する寄附はできません。

2. 公益信託

(1) 概　要

個人や法人が金銭等の財産を学術、技芸、慈善、祭祀等の公益目的のために信託し、信託銀行等は、その財産を管理・運用し、公益的な活動を行う制度です。

【図表2：公益信託のしくみ】

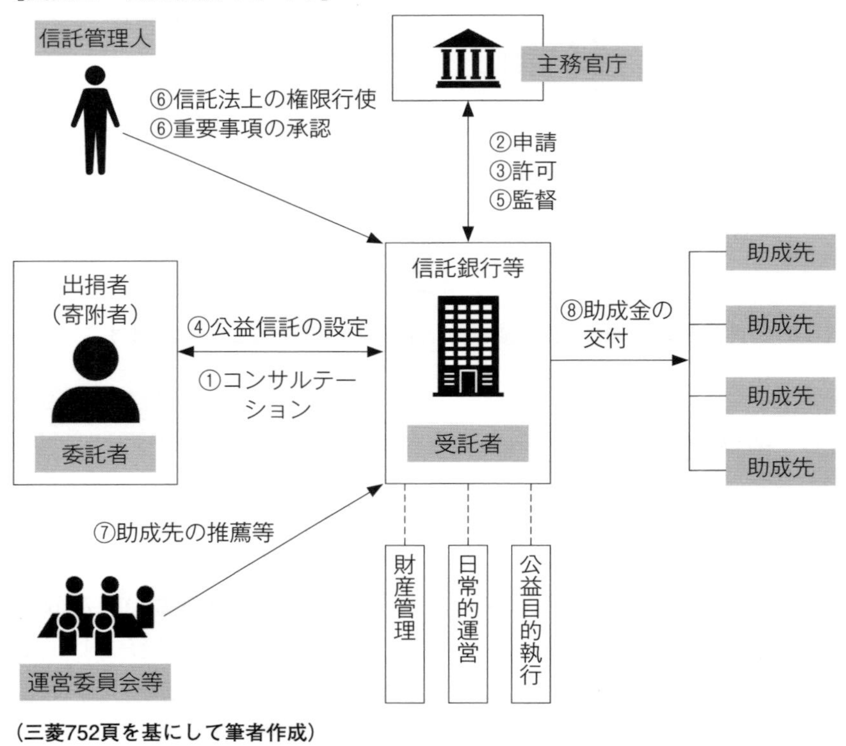

（三菱752頁を基にして筆者作成）

⑵ 利用のメリット

① 財団法人を設立・運営するよりも、簡便・効率的・弾力的とされます。たとえば、法人登記や事務所の設置、設備や専任の職員の配置はいずれも不要ですし、また、財産の取崩しや配分費消も可能な一方で、寄附金による元本の追加もできます。

② 公益信託の名称に、「公益信託○○奨学金基金」など信託の設定者（委託者）の氏名・名称を付けることができます。

⑶ 留意点

法律上の制約はない事項についても、公益法人等指導監督連絡会議による「公益信託の引受け許可審査基準等について」（平成６年９月）等に基づく行政指導等により、次のような事実上の制約があります。

① 事業は、助成金等の資金の支給または図書等の物品の給付を行うものが中心であり、博物館の運営のような事業執行型のものは現状設定されていません。

② 信託財産は、そこから生ずる収益と取崩しにより必要な受益行為が遂行でき、価値の不安定な財産や過大な負担付財産を相当部分占めないこととされています。

③ 信託期間は、無期のものも有期のものもありますが、解除することはできません。信託目的が達成不能となったときや信託財産がなくなったときに終了します。残余財産は、同種の目的を有する公益信託や公益法人、国等に寄附する旨が信託契約で定められます。

④ 信託報酬が事務コストに見合わず信託銀行等に敬遠される場合もあります。

3. その他の信託

(1) 遺言代用信託

金銭を信託財産として、寄附者（委託者）が死亡したら、信託銀行等が預かっていた金銭を公益団体等へ引き渡すものです。寄附者が信託銀行等と信託契約をした時から、金銭が寄附者から信託銀行等へ移るところが遺贈（遺言）との大きな違いです（遺贈（遺言）は寄附者（遺言者）が死亡して初めて効力が生じます）。また、寄附者の生前は生活資金のために寄附者に対して定期的に給付を行い、寄附者が死亡した時に残額を寄附するというものもあります（信託銀行等の金融機関を利用する場合にはその商品内容を確認する必要があります）。

【図表３：遺言代用信託のしくみ】

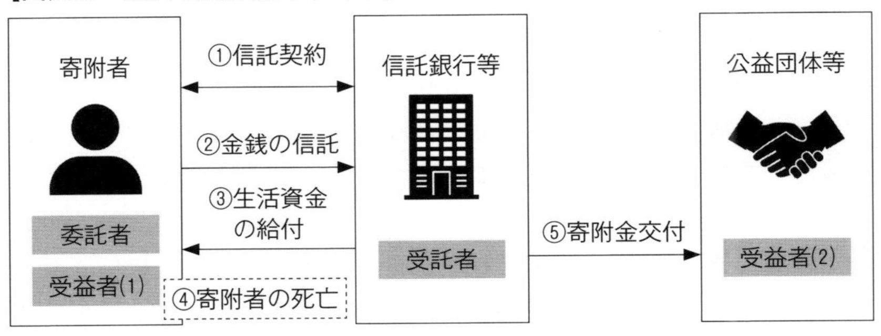

また、遺言代用信託の発展型といえるのが、「生命保険信託」です。寄附者が死亡したときに下りた保険金を遺された家族に渡したり、寄附したりするものです。もっとも、取り扱っている保険会社や信託銀行等は限られているのが現状です。

【図表4：生命保険信託のしくみ】

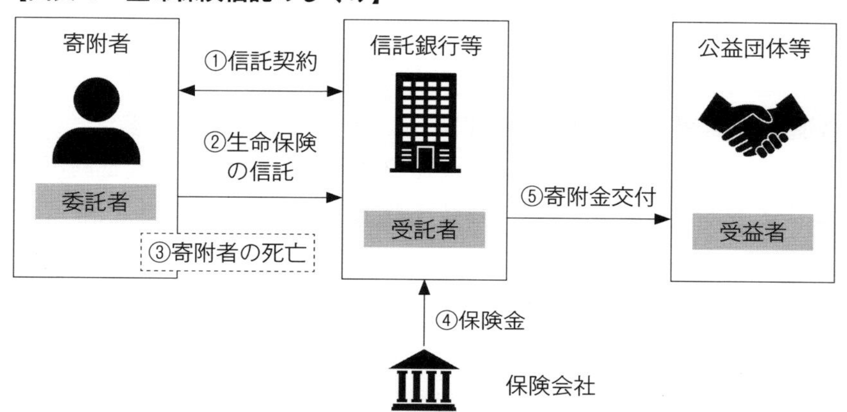

(2) 収益配当のための信託

不動産や株式等の金銭以外の財産は、そこから収益を生み出すために適切な管理が必要になります。寄附を受ける公益団体等に十分なノウハウがないとかえって負担となります。信託を利用すれば、現物資産の管理は受託者（信託会社等）に委ね、賃料等の配当金を得られる権利である受益権を寄附することができます。

【図表5：収益配当のための信託のしくみ】

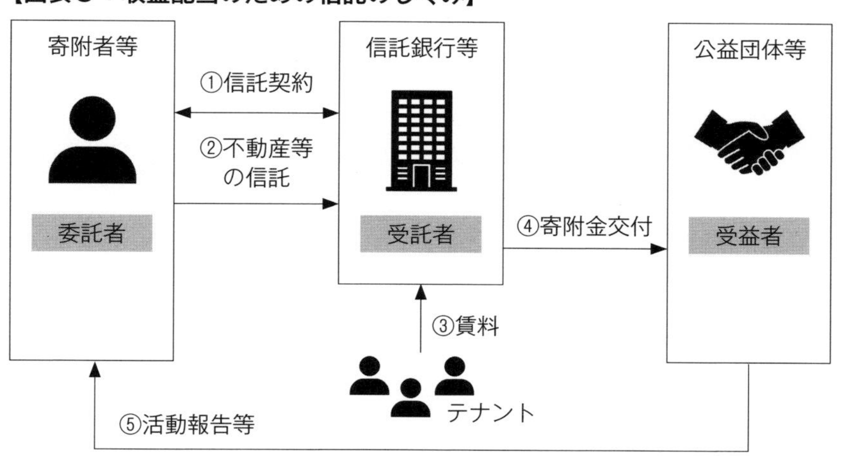

⑶　財産処分のための信託

不動産を所有することによる負担を軽減したり、特定遺贈による不動産の寄附を快く思わない相続人による妨害（民1013②ただし書き、③）を回避したりするために、処分を目的とする信託を利用することも考えられます。具体例は **Q８** を参照してください。

【図表６：財産処分のための信託のしくみ】

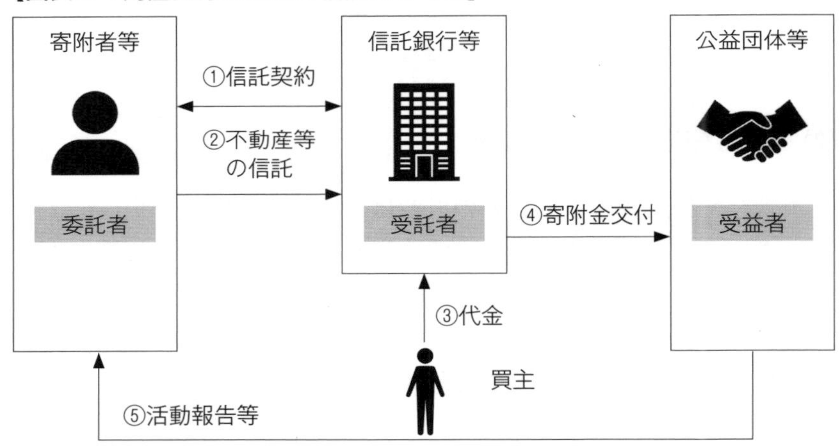

[第３章]

遺贈寄附と
財産別相続対策

第1節　金銭の遺贈寄附

Q1　金銭の生前寄附があった場合の課税関係

個人が金銭の生前寄附を行った場合の課税関係について教えてください。

個人が生前寄附を行った場合、特定寄附金に該当するものについて、所得税の所得控除の適用を受けることができます。また、一定の寄附金に該当するものについては、所得控除と所得税の税額控除のいずれかを選択してその適用を受けることができます。

1.　寄附金の所得控除

(1)　所得控除額の計算

個人が支出した寄附金のうち、(2)で説明する「特定寄附金」に該当するものについては、次の算式により計算した金額がその個人のその年分の総所得金額、退職所得金額または山林所得金額から控除されます（所法78）。

（算　式）

特定寄附金の合計額
総所得金額等×40％
｝いずれか低い金額－2,000円＝寄附金控除額

(2) 特定寄附金

特定寄附金とは次の寄附金をいいます（所法78②、③、所令217、217の２、措法41の18①、措法41の18の２①、措法41の19）。

① 国または地方公共団体に対する寄附金（ふるさと納税を含みます。詳細は **Q３** 参照）

② 公益社団法人、公益財団法人など公益を目的とする法人または団体に対する寄附金のうち、広く一般に募集されることなど、所定の要件を満たすと認められるものとして財務大臣が指定したもの

③ 次の法人の主たる目的である業務に関連する寄附金

イ） 独立行政法人

ロ） 地方独立行政法人で一定の業務を主たる目的とするもの

ハ） 自動車安全運転センター、日本司法支援センター、日本私立学校振興・共済事業団及び日本赤十字社

ニ） 公益社団法人及び公益財団法人

ホ） 学校法人等で一定の学校の設置を主たる目的とするもの

ヘ） 社会福祉法人

ト） 更生保護法人

④ 特定公益信託のうち、公益の増進に著しく寄与するものとして主務大臣の認定を受けた信託の信託財産とするために支出した金銭

⑤　下記の団体に対する政治活動に関する寄附金で、政治資金規正法の規定により報告されたもの
イ）　政治資金規正法に規定する政党
ロ）　同法に規定する政治資金団体
ハ）　同法が規定するその他一定の政治団体
⑥　認定特定非営利活動法人（NPO 法人）等に対する特定非営利活動に関する寄附金
⑦　中小企業等経営強化法に規定する特定新規中小企業者など、特定新規中小会社に該当する株式会社の株式を払込みにより取得した場合のその株式の取得に要した金額（1,000万円を限度）

(3)　申告手続

個人が寄附金控除（所得控除）の適用を受ける場合には、確定申告書に寄附金控除に関する事項を記載するとともに、寄附先が寄附金を受領した旨、寄附金の額、年月日を証明する領収書、その他寄附先に応じて一定の証明書の添付または提示が必要です（所令262①六、所規47の２③）。

2.　寄附金の税額控除

(1)　政党または政治資金団体への寄附

①　控除される税額の計算

個人が、**1.**(2)⑤のイ）の政党またはロ）の政治資金団体に対する政治活動に関する寄附（政治資金規正法の規定により報告されたもの）を行った場合、次の算式により計算した金額が、その年分の所得税額の25％を限度として、所得税額から控除されます（措法41の18②）。

（算　式）

政党等に対する寄附金の合計額 総所得金額等×40%　※	いずれか低い金額	－2,000円	※	×30%＝税額控除額

※　寄附金控除の対象となった特定寄附金等がある場合、調整を行います。

② 申告手続

確定申告書に「政党等寄附金特別控除額の計算明細書」及び総務大臣または都道府県の選挙管理委員会等の確認印のある「寄附金（税額）控除のための書類」を添付することが税額控除の適用を受けるために必要です（措法41の18③、措規19の10の３）。

⑵　認定 NPO 法人等への寄附

① 控除される税額の計算

個人が、認定 NPO 法人等に対する特定非営利活動に関する寄附

（算　式）

認定 NPO 法人等に対する寄附金の合計額 総所得金額等×40%　※	いずれか低い金額	－2,000円	※	×40%＝税額控除額

※　寄附金控除の対象となった特定寄附金等がある場合、調整を行います。

を行った場合、前頁の算式により計算した金額が、その年分の所得税額の25％を限度として、所得税額から控除されます（措法41の18の２②）。

② 申告手続

確定申告書に「認定NPO法人等寄附金特別控除額の計算明細書」及び、寄附金を受領した旨、寄附金が認定NPO法人の主たる目的である業務に関連する旨、寄附金の額及び受領年月日を証する書類（寄附者の住所、氏名が記載されたものに限ります）を添付することが税額控除の適用を受けるために必要です（措法41の18の２③、措規19の10の4）。

(3) 公益社団法人等への寄附

① 対象となる公益社団法人等と控除される税額の計算

個人が**1.**(2)の特定寄附金のうち下記に掲げる法人（運営組織及び事業活動が適正であること及び市民から支援を受けていることにつき一定の要件を満たすものに限ります）に対する一定の寄附を行った場合、次の算式により計算した金額が、その年分の所得税額の25％を限度として、所得税額から控除されます（措法41の18の３①）。

イ）公益社団法人、公益財団法人
ロ）学校法人等
ハ）社会福祉法人
ニ）更生保護法人
ホ）国立大学法人及び大学共同利用機関法人
へ）公立大学法人
ト）独立行政法人国立高等専門学校機構、独立行政法人日本学生支援機構

（算　式）

$$\left[\begin{array}{l}\left.\begin{array}{l}\text{公益社団法人等}\\\text{に対する寄附金}\\\text{の合計額}\\\\\text{総所得金額等×}\\\text{40\%　※}\end{array}\right\}\begin{array}{l}\text{いずれか}\\\text{低い金額}\end{array}\ -2{,}000\text{円}\quad\text{※}\end{array}\right]\times 40\%=\text{税額控除額}$$

※　寄附金控除の対象となった特定寄附金等がある場合、調整を行います。

② 申告手続

確定申告書に「公益社団法人等寄附金特別控除額の計算明細書」及び次の書類を添付することが税額控除の適用を受けるために必要です（措法41の18の３②、措規19の10の５⑫）。

イ）寄附金を受領した法人の名称、受領した旨、寄附金がその法人の主たる目的である業務に関連する寄附金である旨、寄附金の額及び受領年月日を証する書類（寄附者の住所、氏名が記載されたものに限る）
ロ）その法人が税額控除対象法人であることを証する書類の写し

(4) 所得控除と税額控除の選択適用

個人が支出した上記(1)〜(3)の寄附金については、所得控除と税額控除の選択適用となります。

3. 個人住民税における寄附金の取扱い

個人住民税の計算では、寄附金について所得控除の制度はなく、税額控除のみです。すなわち、個人が下記に対する寄附を行った場合、次の算式により計算した金額が、寄附をした翌年度分の住民税額から控除されます（地法37の２①、314の７①）。

(1) 都道府県・市区町村（ふるさと納税。詳細は **Q3** 参照）
(2) 住所地の共同募金会
(3) 住所地の日本赤十字社支部
(4) 住民の福祉の増進に寄与する寄附金として各都道府県・各市区町村が条例で指定するもの

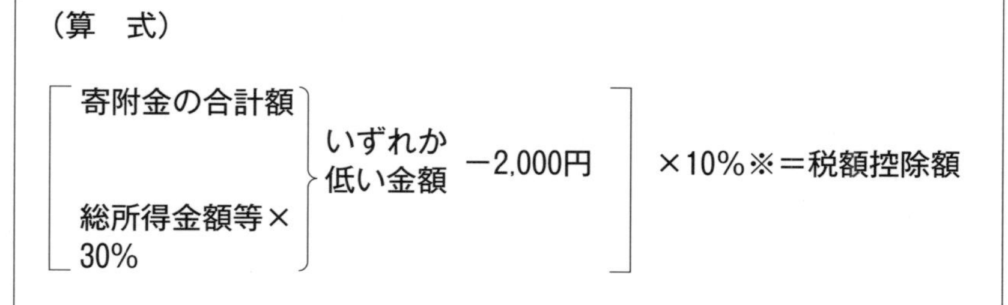

※　都道府県が指定した寄附金は４％（指定都市２％）、市区町村が指定したものは６％（指定都市８％）、ともに指定した寄附金は10%（指定都市10%）

Q2 金銭の法人寄附があった場合の課税関係

Q

法人が金銭の寄附を行った場合の課税関係について教えてください。

A

法人が金銭の寄附を行った場合、国等に対する寄附金や財務大臣が指定したもの、被災者のための一定の義援金等は全額損金の額に算入されますが、その他の寄附金の額については、原則として、一定の方法により計算した金額を超える部分について損金の額に算入されません。

1. 法人税法上の寄附金の意義

寄附金の額とは、寄附金、拠出金、見舞金その他いずれの名義をもってするかを問わず、法人が行う金銭や金銭以外の資産の贈与、経済的利益の無償の供与をいうものとされています。ただし、次に掲げるものなどは、寄附金の額には該当しないものとされており、交際費等の損金不算入額を除き、損金の額に算入されます（法法37⑦）。

(1) 広告宣伝費等や接待交際費、福利厚生費、その事業上の対価性が認められるもの
(2) 被災者等に対する一定の利益の供与等（法基通9－4－6の2～9－4－6の4）
① 災害を受けた得意先等の取引先に対して、復旧支援を目的として災害発生後相当期間内に行う、売掛金等の債権の全部または一部の免除
② 災害を受けた取引先に対して、復旧支援を目的として災害発生後相当期間内に行う、低利または無利息の融資
③ 不特定または多数の被災者を救援するために緊急に行う自社製品等の提供

2. 国等に対する寄附金や財務大臣の指定する寄附金の額の損金算入

(1) 全額が損金算入の対象となる寄附金

次の寄附金の額は、全額損金の額に算入されます（法法37③）。

① 国または地方公共団体に対するもの
② 公益社団法人等に対する寄附金で財務大臣が指定したもの（指定寄附金）

(2) 指定寄附金

① 包括指定寄附金と個別指定寄附金

指定寄附金とは、公益社団法人、公益財団法人その他公益を目的とする事業を行う法人または団体に対する寄附金で、次の要件を満たすものとして財務大臣が指定し告示されたものをいいます（法法

37③二、⑪)。

イ）広く一般に募集されること ロ）教育または科学の振興、文化の向上、社会福祉への貢献その他公益の増進に寄与するための支出で緊急を要するものに充てられることが確実であること

指定寄附金には、包括指定されている包括指定寄附金と、募金者の申請に基づき個別指定されている個別指定寄附金があります。

②　包括指定寄附金

昭和40年大蔵省告示第154号に、包括指定寄附金として下記のものが指定されています。

イ）国立大学法人、大学共同利用機関法人、国立高等専門学校機構、公立大学法人の業務に充てられる寄附金 ロ）学校法人等への学校の校舎その他付属設備の災害復旧のための寄附金 ハ）学校法人等への学校の敷地、校舎その他付属設備に充てるための寄附金で一定のもの ニ）日本私立学校振興・共済事業団への寄附金で一定のもの ホ）独立行政法人日本学生支援機構に対する寄附金で一定のもの ヘ）研究法人の試験研究の用に直接供する固定資産の取得のための寄附金で一定のもの ト）各県共同募金会の共同募金で一定のもの チ）中央共同募金会、各県共同募金会への寄附金で一定のもの リ）日本赤十字社への寄附金で一定のもの

③　個別指定寄附金

個別指定寄附金は、昭和40年大蔵省告示第159号が改正され、その都度告示されています。最近では、公益財団法人東京オリンピック・パラリンピック競技大会組織委員会に対する東京2020オリンピック・パラリンピック競技大会の開催費用などが指定されています。

(3) 地方公共団体に対する寄附金とされる被災者に対する義援金等

法人が、災害救助法が適用される市町村の区域の被災者のための義援金等の募集を行う募金団体（日本赤十字社、新聞・放送等の報道機関等）に対して拠出した義援金等については、その義援金等が最終的に義援金配分委員会等に対して拠出されることが募金趣意書等において明らかにされているものであるときは、地方公共団体に対する寄附金として、その全額が損金の額に算入されます（法基通９-４-６）。

3. 寄附金の額の損金算入限度額の計算

2.の国等に対する寄附金や財務大臣の指定する寄附金以外の寄附金のうち、特定公益増進法人等に対する寄附金については特別損金算入限度額まで損金の額に算入することができます。最終的には、特定公益増進法人等に対する寄附金で特別損金算入限度額を超える部分と上述のいずれにも該当しない寄附金の合計額のうち、一般寄附金の損金算入限度額を超える部分が損金の額に算入されません。

(1) 特定公益増進法人等への寄附金の額

法人が次の特定公益増進法人及び認定NPO法人等に対する特定非営利活動に関する寄附を行った場合、次の特別損金算入限度額までの金額は損金の額に算入されます（法法37④、法令77、措法66の11の２②）。

① 独立行政法人
② 地方独立行政法人で一定業務を主たる目的とするもの
③ 自動車安全運転センター、日本司法支援センター、日本私立学校振興・共済事業団及び日本赤十字社
④ 公益社団法人及び公益財団法人
⑤ 学校法人で一定の学校の設置を主たる目的とするもの
⑥ 社会福祉法人
⑦ 更生保護法人

（算　式）

$$\left[\text{期末資本金等の額} \times \frac{\text{当期の月数}}{12} \times \frac{3.75}{1,000} + \text{当期の所得金額} \times \frac{6.25}{100} \right] \times \frac{1}{2} = \text{特別損金算入限度額}$$

(2) その他の寄附金の額

法人が支出した寄附金の額のうち、国等に対する寄附金及び財務大臣が指定する寄附金の額、特定公益増進法人等に対する寄附金の額に該当しないもの、及び**3.**(1)の特定公益増進法人等への寄附金の額で特別損金算入限度額を超える部分について、下記の一般寄附金の損金限度額を超える部分は、損金の額に算入されません（法法37①）。

（算　式）

$$\left[\text{期末資本金等の額} \times \frac{\text{当期の月数}}{12} \times \frac{2.5}{1,000} + \text{当期の所得金額} \times \frac{2.5}{100} \right] \times \frac{1}{4} = \text{一般寄附金の損金算入限度額}$$

Q3 ふるさと納税、企業版ふるさと納税

Q 個人及び法人が行う地方公共団体への寄附（いわゆる「ふるさと納税」）の取扱いについて教えてください。

A 個人がふるさと納税を行う場合、寄附を行った年分の所得税の所得控除や寄附を行った翌年分の住民税の税額控除の適用があります。法人がふるさと納税を行う場合、法人税において全額損金算入されるほか、法人税、法人事業税及び法人住民税の税額控除が適用されます。

1. 概　要

ふるさと納税は、故郷への恩返し、地方創生という趣旨の下、2008年に創設された制度です。図表１のとおり、令和元年度のふるさと納税受入額は4,875.4億円、受入件数は2,333.6万件、図表２のとおり、令和２年度の制度利用者も406万人に及び、制度創設時から、震災等の復興支援や制度の拡充を経て、寄附の手段として最も身近なものになっています。

一方で、2016年からスタートした企業版ふるさと納税については、令和元年度の受入額33.8億円、受入件数1,327件、寄附企業数

1,117社（地方創生応援税制（企業版ふるさと納税）の寄附実績（平成 28～令和元年度）、内閣府地方創生推進事務局）と、個人に比べてまだまだ普及しておらず、令和２年度税制改正での拡充など、今後の普及が期待されています。

【図表１：ふるさと納税の受入額及び受入件数の推移（全国計)】

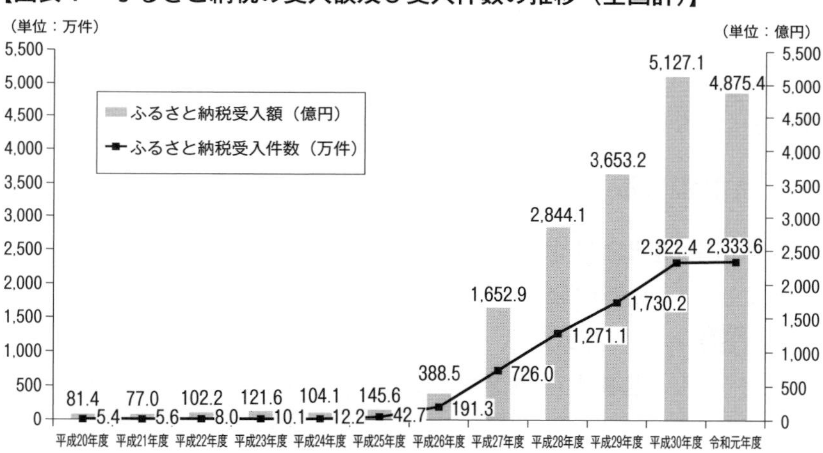

出典：総務省「ふるさと納税に関する現況調査結果」（令和２年度実施）

【図表２：ふるさと納税に係る住民税控除額及び控除適用者数の推移（全国計)】

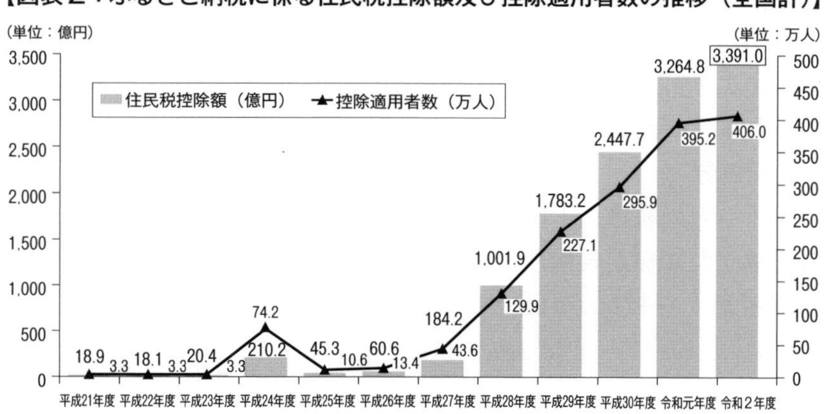

出典：総務省「ふるさと納税に関する現況調査結果」（令和２年度実施）

2. ふるさと納税

個人がふるさと納税を行った場合、寄附を行った年分の所得税、寄附を行った翌年分の住民税から控除を受けることができます。なお、ふるさと納税により特産品を受け取る場合がありますが、この特産品の返戻による経済的利益は、一時所得（特別控除額最高50万円の適用あり）に該当します（所基通34－1⑸、国税庁「質疑応答事例」（所得税関係―その他の所得40））。

⑴ 所得税の取扱い

地方公共団体に対する寄附金として特定寄附金に該当するため、寄附金控除（所得控除）の適用を受けることができます。したがって、**Q1** **1.**⑴の算式により計算した金額がその個人のその年分の総所得金額、退職所得金額または山林所得金額から控除されます（所法78）。

⑵ 個人住民税の取扱い

① 基本分

都道府県・市区町村に対する寄附金に該当するため、**Q1** **3.**の算式により計算した金額が、寄附をした翌年度分の住民税額から控除されます（地法37の２①、314の７①）。

② 特例分

ふるさと納税は、上記①基本分の税額控除に加え、次の算式により計算した金額が特例分の税額控除として、寄附をした翌年度分の住民税額から控除されます（地法37の２①、②、⑪、314の７①、②、⑪）。

（算　式）

［ふるさと納税額 − 2,000 円］×［100％−10％−所得税率　※１］＝税額控除額

※１　所得税は、個人住民税の課税所得金額から人的控除差調整額を控除した金額で判定し、復興特別所得税を加算した税率となります。
※２　個人住民税所得割額×20％が限度となります。

3.　企業版ふるさと納税

法人が認定地方公共団体に対して、特定寄附金を支出した場合、通常の寄附金の取扱いのほか、法人税、法人事業税及び法人住民税の税額控除の適用を受けることができます。認定地方公共団体とは、地域再生法の認定を受けた地方公共団体をいい、例えば普通交付税の不交付団体である東京都などは除かれています。

令和２年度税制改正により、法人税、法人事業税及び法人住民税における税額控除割合が30％から60％へと引き上げられました。

⑴　特定寄附金

特定寄附金とは、認定地方公共団体が行う、地域再生法に規定する「まち・ひと・しごと創生寄附活用事業」に関連する寄附金をいい、法人が経済的な利益を受ける寄附や法人の本社が所在する地方公共団体への寄附は該当しません（措法42の12の２①）。

⑵　法人税における損金算入

地方公共団体に対する寄附金のため、全額損金の額に算入されます（法法37③）。

⑶ 法人事業税及び法人住民税の税額控除

特定寄附金の額の60％に相当する金額（法人事業税20％、法人道府県民税5.7％、法人市町村民税34.3％）が、法人事業税、法人道府県民税及び法人市町村民税の額からそれぞれ控除されます。各控除額は、一定の方法により計算した事業税額及び法人税割額の20％相当額がそれぞれ限度額となります（地法附則８の２の２①、⑦、９の２の２①）。

⑷ 法人税の税額控除

なお、法人住民税額が小さく控除を受けきれない場合には、特定寄附金の額の40％から法人道府県民税及び法人市町村民税の控除額を控除した金額が法人税額から控除されます。法人税額の控除は、特定寄附金の額の10％または法人税額の５％を限度とします（措法42の12の２①）。

Q4 金銭の遺贈寄附があった場合の課税関係

Q 個人の死亡時に金銭の遺贈寄附が行われた場合の課税関係について教えてください。

A 個人の死亡時に遺贈寄附が行われた場合、寄附先が個人であれば、遺贈寄附を受けた個人に相続税が課税されます。寄附先が法人である場合には、その法人の形態に応じて、法人税及び相続税の課税関係が生じるケースがあります。

1. 遺贈寄附した個人の課税関係

金銭を遺贈寄附した個人に相続税の課税関係は生じません。

また、国、地方公共団体への寄附または一定の公益社団法人等への寄附などQ1に該当する寄附である場合には、亡くなった個人の準確定申告にて、所得控除や税額控除の適用を受けることができます。

2. 遺贈寄附を受けた個人の課税関係

(1) 相続税の課税と計算方法

遺贈により財産を取得した個人には相続税が課税されます（相法1の3）。

相続税の計算は、被相続人から相続または遺贈により財産を取得した相続税の納税義務者全員について、下記の流れで計算します。

① 各人の課税価格の計算
② ①の合計額から基礎控除額を控除
③ 仮に法定相続人が法定相続分で取得したものとして相続税の総額の計算
④ 実際に取得した財産の割合に応じて各人ごとに相続税額を按分
⑤ 相続税額の加算や各種税額控除を加減算した各人の納付税額の計算

【図表1：相続税の計算イメージ】

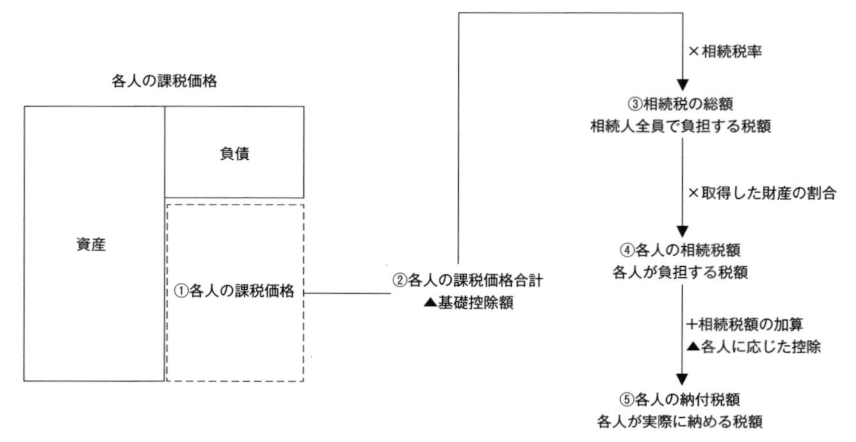

※ 基礎控除額＝3,000万円＋600万円×法定相続人の数

【図表２：相続税率】

法定相続分による取得金額	税　率	控除額
1,000万円以下	10%	−
3,000万円以下	15%	50万円
5,000万円以下	20%	200万円
１億円以下	30%	700万円
２億円以下	40%	1,700万円
３億円以下	45%	2,700万円
６億円以下	50%	4,200万円
６億円超	55%	7,200万円

（例）　法定相続人３人（配偶者、長男、長女）、課税価格合計３億円の場合の相続税の総額計算

- 課税価格合計３億円－基礎控除額4,800万円（3,000万円＋600万円×３人）＝２億5,200万円
- 配偶者：２億5,200万円×1/2＝１億2,600万円　１億2,600万円×40%－1,700万円＝3,340万円
- 長男、長女：２億5,200万円×1/4＝6,300万円　6,300万円×30%－700万円＝1,190万円
- 相続税の総額3,340万円＋1,190万円＋1,190万円＝5,720万円

⑵　債務控除

⑴①の「各人の課税価格」は、相続または遺贈により取得した財産の合計額から負担することとなった債務の額及び葬式費用の額を控除（これらの控除を債務控除といいます）して計算します。相続人以外で特定遺贈（第２章 Q３ を参照）を受けた個人については、債務控除はできません（相法13①）。

⑶　相続税額の加算

相続または遺贈により財産を取得した個人が被相続人の一親等の

血族及び配偶者以外である場合、その相続税額に100分の20に相当する金額を加算して計算します（相法18①）。

(4) 相続税の申告と納付期限

遺贈を受けた個人が(1)の計算により納付税額が生じることとなった場合は、被相続人の相続があったことを知った日の翌日から10カ月以内に申告と納税が必要になります（相法27①、33）。

3. 遺贈寄附を受けた法人の課税関係

(1) 法人税の課税

① 普通法人等

法人は、原則として、相続税の納税義務者に該当しませんので、相続税の納税義務はありません。ただし、法人税においては、無償による資産の譲受けとなり、受贈益として、益金の額に算入され、法人税が課税されます（法法22）。

② 公益法人等または人格のない社団等

公益社団法人または公益財団法人などの公益法人等、または人格のない社団等については、収益事業を行う場合のみ法人税が課されるため、法人税法上の収益事業を行っていない場合には、法人税の納税義務はありません（法法４①）。

収益事業とは、次に掲げる34の事業で、継続して事業場を設けて営まれるものとされています（法法２十三、法令５①）。

また、収益事業から生じた所得のみに法人税が課されるため、仮に収益事業を行っている公益法人等が遺贈寄附を受けた場合でも、その遺贈寄附の収入は原則として収益事業に該当しないことから、法人税の課税はありません（法法７）。

1．物品販売業　2．不動産販売業　3．金銭貸付業　4．物品貸付業　5．不動産貸付業　6．製造業　7．通信業　8．運送業　9．倉庫業　10．請負業　11．印刷業　12．出版業　13．写真業　14．席貸業　15．旅館業　16．料理店業その他の飲食店業　17．周旋業　18．代理業　19．仲立業　20．問屋業　21．鉱業　22．土石採取業　23．浴場業　24．理容業　25．美容業　26．興行業　27．遊技所業　28．遊覧所業　29．医療保健業　30．一定の技芸教授業等　31．駐車場業　32．信用保証業　33．無体財産権の提供等を行う事業　34．労働者派遣業

(2)　相続税の課税

①　人格のない社団等

学術団体や町内会などの人格のない社団等に遺贈寄附があった場合においては、人格のない社団等を個人とみなして相続税が課税されます（相法66①）。

②　持分の定めのない法人

持分の定めのない法人とは、例えば、一般社団法人、一般財団法人、公益社団法人、公益財団法人、学校法人、社会福祉法人、特定非営利活動法人などをいいます。持分の定めのない法人に遺贈寄附があった場合において、被相続人の親族及び特別の関係がある者の相続税または贈与税の負担が不当に減少すると認められるときについては、①同様、持分の定めのない法人を個人とみなして相続税が課税されます（相法66④）。

詳細な要件については、本章第３節 **Q６** を参照してください。

③　法人税等相当額の控除

イ）人格のない社団等またはロ）持分の定めのない法人について法人税等が課税される場合には、相続税額からその法人税等相当額を控除して計算します（相法66⑤）。法人税等相当額とは、次の税

額の合計額をいいます（相令33①）。

イ）遺贈寄附により取得した財産の価額から翌期控除事業税相当額を控除した価額をその事業年度の所得とみなし、計算した法人税の額及び事業税の額 ロ）イ）の法人税の額を基に計算した地方法人税の額、道府県民税の法人税割の額及び市町村民税の法人税割の額

4. 遺贈寄附を受けた法人の株主の課税関係

同族法人に遺贈寄附があった場合において、その法人の株式または出資の価値が増加した場合には、その株主または社員がその価値が増加した金額を、遺贈寄附した被相続人から遺贈により取得したものとみなされ、相続税が課税されますので、留意が必要です（相基通９-２）。

Q５ 金銭の相続人寄附があった場合の課税関係

金銭の相続人寄附があった場合の課税関係について教えてください。

相続人寄附について、①負担付遺贈など被相続人の意思に基づき行う場合と、②相続人の意思に基づき行う場合があります。税務上は、負担付遺贈により寄附を行う場合とそれ以外の場合で、取扱いが異なります。

1. 相続人寄附

相続または遺贈により財産を取得した者が行う相続人寄附には、被相続人の意思に基づき行う場合と相続人の意思に基づき行う場合があります。

前者の被相続人の意思に基づき行う場合には、①相続人または受遺者が一定の団体に金銭を寄附することを条件にその金銭を相続人または受遺者に取得させるという負担付遺贈による方法、②負担付遺贈による方法と違い法的拘束力はありませんが、遺言による付言やエンディングノートへの記載などにより、死後に特定の団体に金銭を寄附して欲しいなどの希望を相続人に伝え、その希望を相続人が尊重して相続人の行為として行う方法の２つがあります。

税務上は、①負担付遺贈による方法と、②遺言の付言やエンディングノートなどによる方法及び相続人の意思に基づき行う場合で取扱いが異なります。

2. 負担付遺贈による方法

(1) 遺贈を受けて寄附をした者の課税関係

亡くなった個人から負担付遺贈により財産を取得した場合には、その負担がないものとした場合における財産の価額からその負担額を控除した金額を遺贈により取得したものとして、その取得をした者（受遺者）に相続税が課税されます（相基通11の2－7）。

国、地方公共団体への寄附または一定の公益社団法人等への寄附など **Q1** に該当する寄附である場合には、亡くなった個人の準確定申告にて、所得控除や税額控除の適用を受けることができます。

(2) 寄附を受けた寄附先の課税関係

負担付遺贈により財産を取得した個人から、その負担相当の寄附を受けた寄附先は、その負担相当の金額を被相続人から遺贈により取得したものとされます（相基通9－11）。つまり、負担相当の金銭について、私法上の受遺者はパススルーされ、受遺者から寄附先が負担相当の財産の遺贈を直接受けた場合と同様の取扱いとなります。遺贈により取得したものとみなされた寄附先の課税関係については、**Q4** をご参照ください。

3.　負担付遺贈による方法以外の課税関係

(1)　原則的な取扱い

遺言の付言やエンディングノートなど、被相続人の意思に基づき相続人寄附を行う場合、及び相続人の意思に基づき相続人寄附を行う場合には、被相続人から相続または遺贈により財産を取得した個人に相続税が課税されます。財産を取得した個人の課税関係については、Q4をご参照ください。

(2)　国等に相続財産を贈与した場合等の相続税の非課税の特例

相続または遺贈により財産を取得した個人が、相続税の申告書の提出期限までに、その取得した財産を国等の一定の対象先に贈与した場合、その贈与した者または親族その他これらの者と特別の関係がある者の相続税または贈与税の負担が不当に減少する結果となると認められる場合を除き、その贈与した財産の価額は相続税の課税価格に算入されません（措法70①）。

(3)　(2)の非課税の特例が適用される贈与先

表題の贈与先は以下のとおりです（措法70①、措令40の３）。

①　国または地方公共団体
②　公益社団法人、公益財団法人
③　独立行政法人
④　国立大学法人及び大学共同利用機関法人
⑤　地方独立行政法人で一定の業務を主たる目的とするもの
⑥　公立大学法人
⑦　自動車安全運転センター、日本司法支援センター、日本私立学校

振興・共済事業団及び日本赤十字社
⑧　学校法人で一定の学校の設置を主たる目的とするもの
⑨　社会福祉法人
⑩　更生保護法人

(4)　(2)の非課税の特例の適用のための申告手続

(2)の適用を受ける場合には、相続税の申告書に、(2)の適用を受けようとする旨を記載するとともに、贈与財産の明細書及び下記の書類を添付しなければ、適用を受けることができません（措法70⑤、措規23の３②）。

①　(3)の対象先が贈与を受けた旨、贈与を受けた年月日、財産の使用目的を記載した書類
②　寄附先が(3)⑤の地方独立行政法人である場合には地方独立行政法人法に規定する設立団体が、(3)⑧の学校法人である場合には私立学校法に規定する所轄庁が、それぞれ証明した書類

(5)　所得税等の取扱い

国、地方公共団体への寄附または一定の公益社団法人等への寄附など **Q1** に該当する寄附である場合には、寄附をした相続人または受遺者のその寄附をした年分の所得税について所得控除や税額控除の適用、翌年度分の住民税について税額控除の適用を受けることができます。

Q6 生前寄附と遺贈寄附の留意点

Q 個人が行う生前寄附、遺贈寄附の留意点を教えてください。

A 個人が生前寄附や遺贈寄附を行う場合、遺留分など法務（私法）上の問題や、相続税の納税などの税務上の問題が生じる可能性がありますので、事前に慎重な検討を行うことが必要です。

1. 遺留分

遺留分とは、民法で保障される、相続人が相続できる最低限の権利をいいます。遺留分の具体的な算定方法や民法上の取扱いについては、第2章の Q6 、 Q7 を参照してください。

生前寄附や遺贈寄附をした場合については、寄附した財産の額とその全財産に占める割合によっては、各相続人に民法上認められている遺留分を侵害する可能性があります。この場合、寄附を受けた先が相続人から遺留分侵害額請求を受け、トラブルに発展する可能性があります。寄附先とのトラブルを避けるためにも、少なくとも遺留分に相当する財産は相続人に相続させるなどの配慮が必要になります。

2. 包括遺贈の注意点

遺贈には、特定遺贈と包括遺贈があります。財産（の全部または一定の割合に基づく一部）を、包括遺贈により遺贈寄附する場合、寄附先は債務まで包括的に承継することになるので、注意が必要です。

特定遺贈と包括遺贈の詳細については、第２章の **Q3** を参照してください。

3. 相続人の納税資金や相続人間の遺産分割

生前寄附や遺贈寄附をする場合、寄附先にとっての受入れやすさの点から、金銭による寄附が多くなると考えられます。それによって、相続人に不動産や非上場株式など流動性の低い財産ばかりが相続されると、納税資金が不足するおそれがあります。また、相続人間の遺産分割において、流動性の高い金銭などが相当額ある場合に比べ、遺産分割がしにくくなるという問題も生じやすくなります。生前寄附や遺贈寄附をする場合は、生前に不動産を売却して現金化しておくなど、納税や遺産分割を見据えて、財産の組換えを行うことが有効になります。

4. みなし譲渡所得の課税

個人が生前寄附や遺贈寄附をする財産が、土地や有価証券など、金銭以外の財産で譲渡所得の起因となるものである場合、寄附したときに、時価で譲渡したものとみなされ、含み益がある場合は、譲渡所得税が課税されることになります。みなし譲渡所得の課税については、後述の各節にて取り上げていきます。

5. 申告書の共同提出

Q4 のとおり、遺贈寄附を受けた個人と一定の法人には、相続税の納税義務が生じることとなります。法律上はあくまで相続人各人がそれぞれ納税義務者であり、個々に申告することが原則です。

しかし、相続税法上、「申告書の提出先の税務署長が同一であるときは共同して提出することができる」と規定され（相法27⑤）、その附則において、「当分の間、申告すべき相続税に係る納税地は……被相続人の死亡の時における住所地とする」旨定めているため（相法附則③）、実務上は、手間やコストをかけないため相続人が一緒に１つの申告書を連名で、被相続人の最後の住所地を管轄する税務署に提出することが通常となっています。とはいえ、そのようにすると一般的には他人である寄附先に知られたくない情報を知られてしまうことにもなりますので、相続が発生した場合に、寄附先が相続税の申告をする必要があるかについて、寄附を行う側でも把握しておく必要があります。

Q7 遺贈寄附による相続税への影響

Q

個人が行う生前寄附、遺贈寄附及び相続人寄附による相続税への影響を教えてください。

A

寄附した財産が相続財産から除外され、または非課税の規定の適用を受けることにより、結果として寄附した財産に応じる相続税が軽減される可能性があります。ただし、生前寄附、遺贈寄附及び相続人寄附のそれぞれによって取扱いが異なりますので、留意が必要です。

1. 生前寄附

生前寄附をすることにより、その財産は被相続人の財産から除外されることになるため、相続税の負担を軽減させることが可能です。

例えば、相続税の課税価格の合計額が基礎控除額（3,000万円＋600万円×法定相続人の数）を少し超えて相続税の納税が必要になると見込まれる場合、被相続人が生前寄附をすることにより、その分相続税の課税価格の合計額が減り、基礎控除額以下となれば、相続税の申告は不要となります。

また、相続税の計算は、Q4 で示したとおり、各人の課税価格の合計額に基づき累進税率である相続税の税率が決定されて相続税の総額を計算する方法になっていますので、生前寄附によって相続税の課税価格の合計額が減れば、各人の課税価格の合計額自体が減少すること、またそれにより、相続税の実効税率が低下する場合もあるので、相続税の総額が軽減される効果があります。

しかし、相続人が相続開始前３年以内に被相続人から贈与を受けた財産は、その贈与を受けた人の相続税の課税価格に加算され、改めて相続税として課税（すでに払っている贈与税の額は相続税の額から控除）される取扱いがありますので、生前贈与の時期に留意が必要です（相法19）。

2. 遺贈寄附

相続税の課税価格は、相続税の納税義務者となる者が被相続人から相続または遺贈により取得した財産の合計額を基に計算します。

したがって、寄附先が、普通法人や一定の公益法人等などの法人であれば、原則として相続税の納税義務者に該当しないので、**1.**の生前寄附と同様、寄附財産が相続税の課税価格の合計額から除外されることになるので、その他の財産が基礎控除額以内であれば相続税の申告が不要になり、また、その他の財産が基礎控除を超えたままであっても、相続税の課税価格の合計額自体が減少すること、また、それにより相続税の実効税率が低下する場合もあるので、相続税の総額が軽減される効果があります。

一方、寄附先が個人である場合には、その個人は原則として相続税の納税義務者に該当し、当該個人取得した財産が相続税の課税対象となるので、上述のような効果はありません。

3. 相続人寄附

Q5 **2.**負担付遺贈の方法による相続人寄附において、受遺者が一定の団体に金銭を寄附することを条件に財産を取得し寄附をした場合には、その寄附先は被相続人から直接遺贈により財産を取得したものと取り扱われます（相基通９-11）ので、**2.**の遺贈寄附と同様の効果となります。

負担付遺贈以外の相続人寄附の場合、その寄附先が、国等に相続財産を贈与した場合等の相続税の非課税の特例の適用される対象先（**Q5** **3.**⑵⑶参照）に該当するときは、非課税として取り扱われますので、実質的に**1.**生前寄附、**2.**遺贈寄附と同様の効果が見込まれます。ただし、非課税の適用を受けるために相続税の申告書の提出及び適用を受ける旨の記載、一定の書類の添付が必要になります。

仮に、寄附先が非課税の対象先に該当しない、またはその他の非課税の要件を充足しない場合には、その財産は相続税の計算対象に含まれることになるので相続税の負担の軽減にはつながりません。

また、生前寄附、遺贈寄附及び相続人寄附のいずれの場合であっても、土地や有価証券など、金銭以外の財産で譲渡所得の起因となるものである場合、寄附したときに、寄附をした者が時価で譲渡したものとみなされます。その財産について含み益がある場合には、譲渡所得税が課税され、相続税以外の税負担が生じますので、上記の相続税への影響と併せて検討が必要です。みなし譲渡所得の課税については、後述の各節にて取り上げていきます。

Q8 おひとりさまの遺贈寄附

Q

相続人がいない独り暮らしの人（いわゆる「おひとりさま」）に相続が発生した場合の流れを教えてください。

A

相続人がおらず、遺言もない相続が発生した場合、相続財産は最終的に国庫に帰属します。死後に遺産を自身が望む団体や活動に役立てて欲しいという希望があるのであれば、生前に遺言を残すことが必要です。

1. おひとりさまの増加

内閣府の発表によると、1970年の50歳時の未婚割合は男性1.7%、女性3.3%であったのに対し、2015年では男性23.4%、女性14.1%と未婚割合は年々上昇しており、今後も上昇していくと推計されています。また、夫婦の完結出生児数については、戦後大きく低下した後、1970年代以降2.2人前後で安定して推移していましたが、2015年には1.94人と過去最低の水準となっています。

配偶者や子供がいる場合には、配偶者や子息に相続で財産を取得させることが一般的ですが、未婚割合の上昇や出生率の低下など家族構成の変化を背景に、配偶者や子供のいない「おひとりさま」の相続が今後増加すると考えられます。

【図表１：50歳時の未婚割合の推移と将来推計】

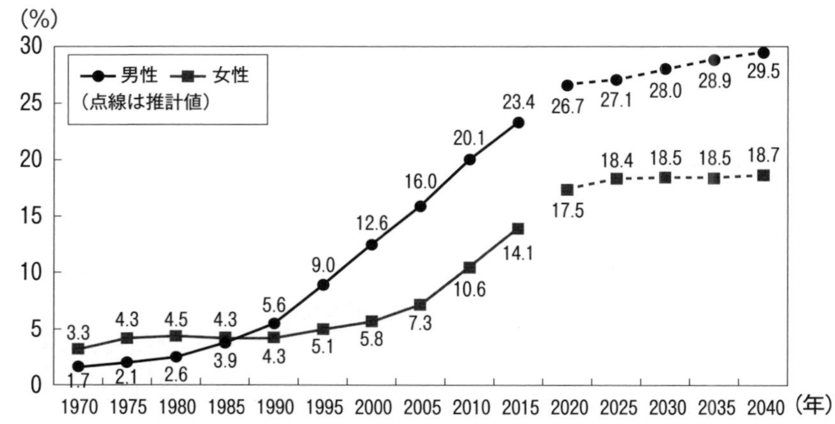

資料：1970年から2015年までは各年の国勢調査に基づく実績値（国立社会保障・人口問題研究所「人口統計資料集」）、2020（令和２）年以降の推計値は「日本の世帯数の将来推計（全国推計）」（2018年推計）より、45～49歳の未婚率と50～54歳の未婚率の平均値。

出典：内閣府「令和元年版少子化社会対策白書」

【図表２：完結出生児数の推移】

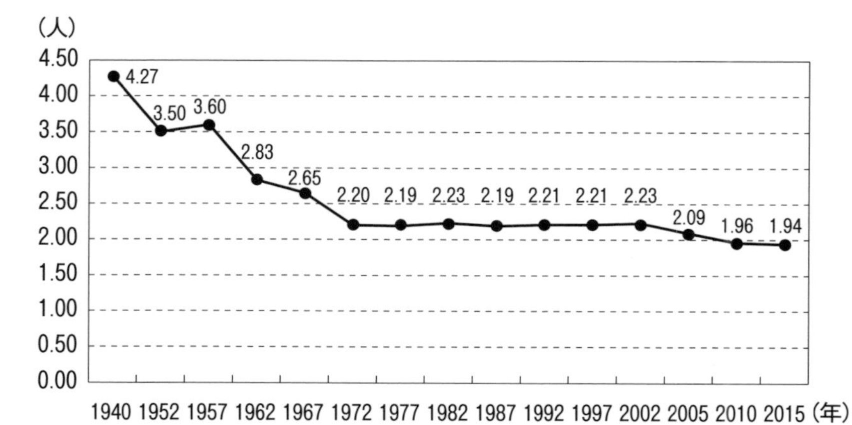

資料：国立社会保障･人口問題研究所「第15回出生動向基本調査（夫婦調査）」（2015年）

注：対象は結婚持続期間15～19年の初婚どうしの夫婦（出生子供数不詳を除く）。横軸の年は調査を実施した年である。

出典：内閣府「令和元年版少子化社会対策白書」

2. 相続人がいない場合の相続の流れ

配偶者、子（孫を含む)、直系尊属及び兄弟姉妹（兄弟姉妹の子を含む）などの相続人がおらず、遺言もない相続が発生した場合、下記の手順で、家庭裁判所が相当と認める特別縁故者に対する全部または一部の分与を除いて、相続財産は最終的に国庫に帰属します。

財務省の資料によると、平成29年の相続財産管理人選任等件数は２万1,130人、国庫帰属相続財産額は526億円とされており、少子高齢化を背景に相続人のいない相続が増加していることが見て取れます。

(1) 相続財産法人の成立（民951）

⬇

(2) 相続財産管理人の選任（民952）

⬇

(3) 相続債権者及び受遺者に対する弁済（民957）

⬇

(4) 相続人捜索の公告（民958）

⬇

(5) 特別縁故者に対する相続財産の分与（民958の3）

⬇

(6) 相続財産の国庫への帰属（民959）

【図表３：相続財産管理人選任等・相続財産（金銭）の国庫帰属等の状況】

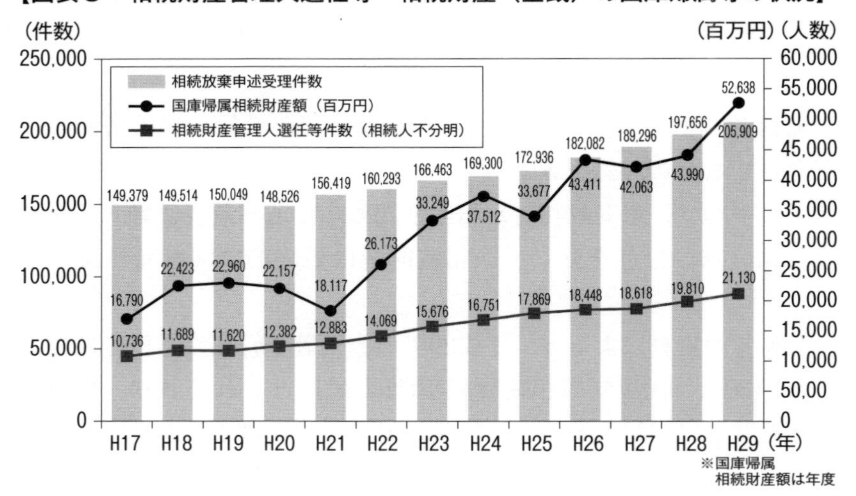

（参考）国庫帰属する金銭の中には、裁判所の許可を得て、売却処分された不動産、有価証券、動産等の代金も含まれている。
（出典）相続放棄申述受理件数、相続財産管理人選任等件数（相続人不分明）については、最高裁判所「司法統計年報」より引用。
出典：財務省、財政制度等審議会第47回国有財産分科会「普通財産の管理処分に係る見直しについて（参考資料）」

3. 遺言の作成

相続人がいない場合に、財産を国庫に帰属させるのではなく、自身が望む団体や活動に対して財産を有意義に使って欲しいという希望があるのであれば、遺言を作成し、財産の行先を決めておくべきです。

第2節　有価証券の遺贈寄附

Q1　有価証券の範囲と相続税法上の評価

Q　有価証券の範囲と、相続税法上の評価を教えてください。

A　有価証券の範囲は、金融商品取引法のほか、所得税法等の税法によっても定められています。また有価証券の相続税法上の評価は、同法の時価評価の原則に従って制定されている国税庁の財産評価基本通達が定める方法によって行われます。

1.　有価証券とは

有価証券の法令上の定義規定の代表例は金融商品取引法２条を挙げることができますが、ほかに所得税法なども有価証券の定義を定めています。一般的には、株券（株式を目に見える形にした証書）・債券・手形・小切手などを指します。

有価証券はそれ自体に財産的価値を有します。有価証券は譲渡することにより、その財産的価値を簡単に移転させることができるのが特徴です。有価証券は、手形、小切手などの貨幣証券、運送証券、倉荷証券などの物財証券及び株券、社債券などの資本証券の3つに分類されますが、有価証券としては資本証券を指すことが一般的です。現在では会社法により株券は不発行とすることが原則となっており、株券の評価は株式等の評価として取り扱われます。

2. 有価証券の相続税法上の評価

有価証券の相続税法上の評価は、財産評価基本通達において次のとおり定められています。

(1) 上場株式

上場株式とは金融商品取引所に上場されている株式です。上場株式は、その株式が上場されている金融商品取引所が公表する課税時期の最終価格によって評価します。課税時期とは、具体的には被相続人が死亡した日や贈与を受けた日のことです。ただし、課税時期の最終価格が、次の3つの価額と比較して高い場合は、その最も低い価額により評価します（財基通169）。

課税価格	
A	課税時期の月の毎日の最終価格の平均額
B	課税時期の月の前月の毎日の最終価格の平均額
C	課税時期の月の前々月の毎日の最終価格の平均額

なお、課税時期に最終価格がない場合やその株式に権利落などがある場合には、一定の修正をします。また、負担付贈与や個人間の対価を伴う取引で取得した上場株式は、その株式が上場されている金融商品取引所の公表する課税時期の最終価格によって評価します

（財基通170～172）。

⑵　公社債

公社債とは、国や地方公共団体、事業会社などが一般投資家から資金を調達するために発行する有価証券です。公社債は、銘柄ごとに①利付公社債、②割引発行の公社債、③元利均等償還が行われる公社債、④転換社債型新株予約権付社債のいずれかにより、券面額100円当たりの評価額にその公社債の券面額を100で割った数を乗じた金額によって評価します。既経過利息（源泉税控除後）も含まれます。低金利の昨今、概算評価額は額面金額で知ることが可能です（財基通197～197－5）。

⑶　投資信託

投資信託は、課税時期において解約請求または買取請求を行ったとした場合に証券会社などから支払いを受けることができる価額により評価します。相続開始日や贈与日現在の「基準価額」が目安となります。基準価額は、証券会社のホームページ等で調べることができます（財基通199）。

⑷　非上場株式（財基通178～193）

非上場株式の評価は議決権株式の割合に応じて、支配株主（同族株主等）は原則的評価方式により、少数株主（同族株主等以外）は特例的評価方式により評価します。なお、支配株主か少数株主かは相続等により株式を取得した後の議決権株式の割合により判断します。原則的評価方式は次の①と②の方法及びそれらを組み合わせて併用する③の方法であり、その会社の規模により適用する方法が定められています。特例的評価方式は、同④です。

①　類似業種比準価額方式（財基通180）

類似業種比準価額方式とは、事業の内容が類似する上場株式の株価を基準として、評価する非上場株式の１株当たりの配当金額、利益金額、純資産価額の３つの要素（比準要素）を用いて一定の方法で算定した倍率を類似業種の上場株式の株価に乗じてその非上場会社の株価を計算する方法です。類似業種比準方式による評価においては、利益や配当が多い会社、すなわち好業績の会社は株価が高くなります。

②　純資産価額方式（財基通185）

純資産価額方式とは、その会社を解散・清算したとした場合に、株主に分配されるであろう正味財産の価値で評価するものであり、この場合、その会社の資産や負債の評価額は相続税評価額に基づき算定します。その場合の留意点は以下のとおりです。

- その会社の土地建物等が課税時期開始前３年以内に取得されたものである場合は、それらの価額は、相続税評価額ではなく、課税時期における通常の取引価額相当額により評価します。
- 繰延資産等の換金価値のない会計上の資産は評価しません。
- 評価会社が受ける生命保険金等については、解約返戻金等相当額について資産に計上する必要がありますが、同時に保険金の返戻金とその保険の簿価との差額に対する法人税等相当額について負債に計上することができます。
- 固定資産税等のうち、課税時期において未払いがある場合には負債に計上します。
- 被相続人がその会社の役員等であった場合に、その死亡により支給が確定した退職金等は負債に計上します。

③　併用方式

併用方式は上記の類似業種比準価額及び純資産価額のそれぞれを、会社規模に応じた割合（例えば前者７割、後者３割）で採用し、その合計額を評価額とする方法です。

④　**配当還元方式（財基通188）**

少数株主が取得した株式については、その会社規模に関係なく、一律に配当還元方式により評価します。これは、わずかな株数ないし議決権しか保有していない株主についてまで原則的評価方法により評価額を計算することは困難な場合も多く、また、評価の簡便性からこのような評価を行います。配当還元方式は、過去２年間の配当金額を10％の利率で還元して株式の評価を行います。注意点は次のとおりです。

- 配当のうち、非経常的な配当（特別配当や記念配当等）は配当金額から除いて評価します。
- 中間配当を行っている場合には、中間配当も含めて１年間の配当金額とします。

Q2 有価証券等を寄附する場合の留意点

Q　有価証券等を公益法人等に寄附する場合について、寄附特有の留意点などがあれば教えてください。

A　有価証券等を公益法人等に寄附する場合には、寄附者側である個人と受贈者側である公益法人等における税法にとくに留意します。

1. 個人が公益法人等に有価証券等を寄附する場合の税法上の留意点

個人が公益法人等に有価証券等を寄附する場合、以下のように課税関係に留意する必要があります。

(1) 個人が生前に公益法人等に対して有価証券等を寄附する場合

個人が生前に公益法人等に対して有価証券等を寄附する場合、時価で譲渡があったものとみなして、有価証券等の取得価額と時価との間に含み益がある場合には、寄附者に対し譲渡所得税が課税されます（所法59条①。みなし譲渡所得課税。Q3 で詳述）。

たとえば、一代で財産を成した経営者の持つ株式などは、取得時の価額（あるいはみなし取得価額）は低いことが多いため、一般的にこの譲渡所得税は大きな金額となります。

しかし、例外的に個人が、国、地方公共団体に有価証券等の現物を寄附した場合には無条件にみなし譲渡所得税が非課税になります（措法40条①前段）。また、一定の公益法人等に有価証券等の現物財産を寄附した場合には、一定の手続きの下、みなし譲渡所得税が非課税になります（措法40条①後段）。租税特別措置法40条１項に関しては **Q３** で詳述します。

⑵ 個人が公益法人等に対して有価証券等を遺言により寄附する場合

個人が公益法人等に対して行う有価証券等の寄附において、生前に遺言により寄附を行う方法（「遺贈寄附」）があります。この場合にも上述したような課税関係に留意する必要がありますが、この場合には所有者が故人であるため、その相続人が納税義務者となります。

この場合、相続人は故人の所有していた有価証券等を相続することはできないのに、納税義務のみを負担させられることとなり、相続人にとっては納得し難い状況となります。そのため、遺贈寄附の場合にはこの譲渡所得税がとくに問題となるので、留意する必要があります。

⑶ 相続人が公益法人等に対して有価証券等の相続財産を寄附する場合

相続人が被相続人の所有していた有価証券等を相続し、当該相続財産を公益法人等に寄附する場合があります。この場合、相続財産の寄附先が、国、地方公共団体、一定の公益法人である場合は、一定の手続きの下、当該寄附財産については相続税が非課税になります（措法70条①）。

ただし、相続税が非課税となるため一見課税関係が終わったように見えますが、相続直後に相続人は有価証券等を公益法人等に寄附しているわけですから、当該有価証券等が取得した時よりも値上がりし、含み益がある場合は、(1)で述べたように「みなし譲渡所得課税」が発生することになるわけです。したがって、この場合には、上述したように相手方が公益法人等であれば租税特別措置法40条1項によるみなし譲渡非課税の承認手続きをとることなどに留意しておく必要があります。

2. 寄附を受ける公益法人等の留意点

寄附を受ける公益法人等の側では、以下の点に留意する必要があります。

有価証券等の寄附を受ける公益法人等は、その有価証券等をどのように活用・管理するのか、また売却するならどのような方法で売却先を見つけるのかといった、法人としての方針を決めておく必要があります。

また、その手間とその活用・管理の難易度（とくに非上場の株式等の場合）ゆえに「現物資産の寄附は受け付けない」としている法人も少なくないため、寄附をする際は、事前に調査をする必要があります。

さらに有価証券等を寄附するという遺言を残す場合は、事前にその有価証券等の寄附を受ける団体や法定相続人と綿密な相談をしておくことに留意します。

Q3 有価証券等を寄附する場合の寄附者の課税関係①

Q

個人が有価証券を公益法人等に寄附する場合に寄附者にみなし譲渡所得課税（所法59①）があると聞きました。このみなし譲渡所得課税について教えてください。

A

みなし譲渡所得課税とは、個人が法人に対し譲渡所得の基因となる資産を無償で譲渡（「寄附」）した場合には、時価で譲渡されたものとみなされ、当該資産に含み益がある場合には寄附者個人に譲渡所得税が課税されるというものです。

ただし、例外的に公益法人等に対する寄附の場合に一定の要件を満たす寄附であれば、租税特別措置法40条１項による非課税の特例を適用できる場合があります。

1. みなし譲渡所得課税

譲渡所得に対する課税は、資産の値上がりによりその資産の保有者に帰属する増加益を所得として、その資産が保有者の支配を離れてほかに移転するのを機会に、これを清算して課税するものです。所得税が課税されるべき含み益がある資産を個人に対して寄附した場合は、収入金額はゼロとなります（所法36①）が、寄附した個人の取得価額が受贈者または受遺者に引き継がれる（所法60①）ため、その含み益が、受遺者に引き継がれるので、その含み益への課税（機会）が受遺者に引き継がれます。

しかし、公益法人等に寄附すると、法人サイドでは時価によってその受入れ処理がされ（時価相当分の受贈益に対して課税され）ますから、対個人の場合と違って、技術的に寄附した個人のその資産の含み益に対する所得税の課税繰延（課税の引き継ぎ）ができないことになります。

ただし、公益法人等に対する寄附の場合に一定の要件を満たす寄附であれば、下記**2.**で説明する租税特別措置法40条１項（以下、「措置法40条特例」といいます）による非課税の特例を適用できる場合があります。

2.　措置法40条特例

個人が国または地方公共団体に有価証券を寄附したときは措置法40条特例《国等に対し財産を譲渡した場合の譲渡所得等の非課税》により、本来は所得税法59条１項１号に該当する寄附はなかったものとみなされ、譲渡所得の課税は行わないこととされています（措法40①前段）。

寄附を受ける法人が、公益法人等、すなわち、公益社団法人、公益財団法人や、特定一般法人（注１）、その他の公益を目的とする事業を行う法人（注２）である場合には、民間の行う公益活動を促進する観点から、これらの法人に対する財産の寄附についても、寄附が教育または科学の振興などの公益の増進に著しく寄与すること、遺贈寄附された財産（国外財産は除かれる）が２年以内に公益目的事業の用に供されるなど一定の要件を満たすものとして国税庁長官の承認を得たときは、国または地方公共団体に対する遺贈寄附と同様に、所得税法59条１項１号の規定についてはその寄附がなかったものとみなすこととされています（措法40①後段）。

（注１）特定一般法人とは、一般社団法人または一般財団法人で、法人税法２条９号の２イに掲げる法人です。すなわち、その行う事業により利益を得ることまたは得た利益を分配することを目的としない法人であって、その事業を運営するための組織が適正であるための所定の要件に該当するものです（措法40①、法令３）。

（注２）外国法人、人格なき社団等は含みません。また、財団である医療法人及び持分の定めのない医療法人を含みます。

Q4 有価証券等を寄附する場合の寄附者の課税関係②

Q 個人が相続した有価証券等を公益法人等に寄附する場合に、相続人の相続税が非課税となる場合があると聞きました。この場合の相続税の非課税規定について教えてください。

A 相続人が国、地方公共団体、特定の公益法人に有価証券等の相続財産を寄附（「相続人寄附」）した場合には相続税が非課税（措法70）となります。相続人寄附につき一定の要件を満たす場合には、その相続人等の所得税の確定申告において寄附金控除も適用できます。

■ 措置法70条の概要

相続人等が相続等により取得した財産を相続税の申告期限までに、国、地方公共団体、特定の公益法人に寄附した場合において、その寄附によりその相続人等及びその親族等の相続税または贈与税の負担が不当に減少する結果となると認められる場合を除き、その寄附した財産については、相続税の確定申告で一定の手続きをとることにより、相続税が非課税となります（措法70）。特定の公益法人とは、教育若しくは科学の振興、文化の向上、社会福祉への貢献その他公益の増進に著しく寄与する法人であり、下記の法人が該当します。

措置法70条の対象となる寄附先の法人
• 独立行政法人 • 国立大学法人等 • 地方独立行政法人（試験研究、病院事業、社会福祉事業等一定の事業を営むものに限る） • 公立大学法人 • 自動車安全運転センター、日本司法支援センター、日本私立学校振興・共済事業団及び日本赤十字社 • 公益社団法人、公益財団法人 • 一定の学校法人 • 社会福祉法人 • 更生保護法人 • 認定 NPO 法人

(1) 特定の公益法人へ寄附をする場合の注意点

特定の公益法人に寄附をする場合に、以下の事項に該当するときには相続税の非課税措置は受けることができません。

留意点	
①	特定の公益法人の設立のための寄附でないこと
②	特定の公益法人が寄附を受けてから２年を経過した日までに、特定の公益法人に該当しないこととなった場合
③	寄附財産を２年経過日までに公益目的事業の用に供していない場合

(2) 措置法70条の手続き

相続税申告書に措置法70条特例の適用を受ける旨を記載し、その適用を受ける寄附財産及び次の書類を申告書に添付する必要があります。

添付資料
① 国、地方公共団体、特定の公益法人が発行した下記情報が記載されている書類 • 相続人寄附を受けた旨 • 相続人寄附を受けた年月日 • 相続人寄附財産の明細 • 相続人寄附財産の使用目的 ② 地方独立行政法人または学校法人の場合には上記のほか、特定の公益法人に該当するものであることについて設立団体または所轄庁が相続人寄附であることを証明した書類

Q5 有価証券等を寄附する場合の受贈者側の課税関係

Q

個人が個人または法人に対して有価証券等を寄附する場合に、寄附を受ける個人あるいは法人の別に、受贈者サイドの課税関係を教えてください。

A

個人間における有価証券等の寄附の場合には、相続税または贈与税が受贈者または受遺者に課税されます。

個人法人間における有価証券等の寄附の場合には、受贈者側に法人税または相続税が課税される場合があります。

1. 個人間の贈与または遺贈における課税関係

(1) 受贈者または受遺者の課税関係

個人間の贈与または遺贈（以下「遺贈等」といいます）においては、受贈者または受遺者に贈与税あるいは相続税が課税されます（相法1の3）。なお、受遺者が遺贈を受けた財産につき我が国の相続税の納税義務を負うかは、大別して①受遺者が我が国に住所を有するか、②住所を有しない場合は財産の所在地が相続税法の施行地内か、③相続時精算課税制度の適用を受けているかにより判定します。

遺贈等をした者が遺贈等財産を取得した時期や取得価額は受贈者または受遺者に引き継がれます（所法60①）。

これにより、遺贈者が所有していた間に生じた資産の値上がり益は受遺者に引き継がれ、将来、受遺者が受遺財産を譲渡したときに譲渡所得課税がなされます。相続等により取得した財産を個人（自然人）に寄附した場合には、寄附を受けた個人に贈与税が課税されます（相続人寄附）。

(2) 寄附金控除

相続人寄附において、一定の要件を満たす場合には相続人の確定申告で寄附金控除の適用が可能です。ただ、個人に対する遺贈等で寄附金控除が認められるのは、政治活動に関するもので一定の公職の候補者など限定的です。

2. 個人・法人間における寄附等の課税関係

(1) 株式会社等の営利法人への寄附等の場合

株式会社等の営利法人が財産の寄附等を受けた場合には、その財産の時価を取得価額として受け入れることになります。無償で譲り受けた財産になりますので、会計処理でいえば「(借) 有価証券×××」「(貸) 受贈益×××」となり、この受贈益が益金の額に算入されます（法法22②、法令119①二十七）。

また、法人が同族会社である場合には、その法人の株主に贈与税が課税される場合があります（相法９）。これは寄附を受けた有価証券等によって当該法人の純資産価額及び利益が増加するため、それはあたかも寄附者（当該同族会社の株主と仮定）から他の株主へ財産が寄附等されたのと同じになるためです。

同族会社とは、会社（投資法人を含みます）の株主等（その会社が自己の株式（投資口を含みます）または出資を有する場合のその会社を除きます）の３人以下及びこれらの同族関係者の有する株式の数または出資の金額の合計額が、その会社の発行済株式または出資（その会社が有する自己の株式または出資を除きます）の総数または総額の50％を超える数または金額の株式または出資を有する場合、その会社の特定の議決権の50％超を有する場合及びその会社の社員または業務執行社員の過半数を占める場合におけるその会社をいいます（法法２十、法令４⑤）。

(2) 公益法人等の持分の定めのない法人への寄附等の場合

法人税法に定める公益法人等（法法２六、九の二イロ）への寄附等については、法人税は課税されません。また、特定の場合に相続税の納税義務者となります（相法66①、③、④、下記(3)参照）。

また、個人が持分の定めのない法人に対し寄附等をすることに関連して、当該法人から特別の利益を受ける者に対し特別の利益に相当する金額の寄附等を受けたとみなす規定（特別の法人から受ける利益に対する課税）があります（相法65）。

法人税法では、収益事業を行う場合に法人税の納税義務者となるとされています（法法４①）。収益事業とは次の34種類の事業で、継続して事業場を設けて営まれているものをいいます（法法２十

法人税法上の34業種
１．物品販売業、２．不動産販売業、３．金融貸付業、４．物品貸付業、５．不動産賃貸業、６．製造業、７．通信業、８．運送業、９．倉庫業、10．請負業、11．印刷業、12．出版業、13．写真業、14．席貸業、15．旅館業、16．料理店業その他の飲食店業、17．周旋業、18．代理業、19．仲立業、20．問屋業、21．鉱業、22．土石採取業、23．浴場業、24．理容業、25．美容業、26．興行業、27．遊技所業、28．遊覧所業、29．医療保険業、30．一定の技芸教授業等、31．駐車場業、32．信用保証業、33．無体財産権の提供等を行う事業、34．労働者派遣業

三、法令５①)。

(3) 人格なき社団等に対する寄附等の場合

代表者または管理者の定めのある人格のない社団や財団（以下、「人格なき社団等」という）に対し、資産家が多額の資産を寄附等しても、法人税は課税されません。このようなしくみを利用した租税回避が行われることを防止するため、相続税法は、個人が人格なき社団等に財産を寄附等した場合には、人格なき社団等を無条件に個人とみなして相続税の納税義務者としています（相法66①、④)。

現行法令では、個人から寄附等を受けた利益（受贈益）に対して法人税が課税されることはありませんが、もし、寄附等を受けた財産に対し法人税が課税されることがあれば、二重課税排除のために、相続税法施行令33条１項の定めるところにより、人格なき社団等に課されるべき法人税及び法人事業税等の額に相当する額は贈与税から控除することになっています（相法66⑤)。2008年12月１日以前に行われた寄附等については、人格なき社団等の各事業年度の所得の計算上益金の額に算入されているときは、贈与税は課税されない（個人とみなされない）こととされていました。

改正の趣旨は、贈与税の最高税率50%（現在は55%）と法人税の最高税率40%の差を利用した租税回避行為の防止にあります。人格なき社団等を設立するために財産の提供があった場合についても同様の扱いとなります（相法66②)。

Q6 有価証券等を寄附する場合の相続税法の租税回避防止規定

Q

個人が有価証券等を寄附する場合の相続税法における租税回避防止規定のうち、とくに持分の定めのない法人に対して寄附する場合の規定について教えてください。

A

相続税法における租税回避防止規定には、特定の贈与を原因として持分の定めのない法人から特別の利益を得ている者は、持分の定めのない法人に財産を贈与した者から贈与により取得したものとみなして贈与税を課税する相続税法65条１項と、持分の定めのない法人に対して贈与し、その贈与により贈与者の親族その他特別の関係がある者の贈与税の負担が不当に減少する結果と認められるときは、持分の定めのない法人を個人とみなして、当該法人に贈与税を課税する同法66条４項が代表的なものとなります。

1. 相続税法65条

相続税法65条は、個人が持分の定めのない法人のうち、その施設の利用、余裕金の運用、解散した場合における財産の帰属等について①設立者、②社員、③理事、④監事若しくは⑤評議員、⑥その法人に対し贈与若しくは遺贈をした者及び⑦ ①〜⑥の者の親族その他これらの者と特別の関係がある一定の者（以下、「特殊関係者」といいます）（注）に特別の利益を与えるものに対して財産の贈与または遺贈を行った場合に、相続税法66条４項の規定の運用がある場合を除くほか、その財産の贈与または遺贈があったときにおいて、その法人から特別の利益を受ける者が、その財産の贈与または遺贈により受ける利益の価額に相当する金額をその財産を贈与または遺贈した者から贈与または遺贈により取得したものとみなして相続税または贈与税を課税することと規定しています（相法65①）。

（注）「特殊関係者」とは、個人と婚姻届は出していないが事実上婚姻関係と同様の事情にある者及びその者の親族で生計を一にしている者（内縁の妻または夫とその同居の親族）や、個人の使用人及び使用人以外の者でその個人から受ける金銭その他の財産によって生計を維持しているもの並びにこれらの者の親族でこれらの者と生計を一にしているものをいいます。

2. 相続税法66条４項

相続税法66条４項は、持分の定めのない法人（注）に贈与があった場合に「贈与者等の親族その他これらの者と特別の関係がある者の相続税、贈与税の負担が不当に減少する結果となると認められるとき」は、持分の定めのない法人を個人とみなして贈与税を課税することとしています（相法66④、⑥、相令33①）。

上記「不当に減少する結果となると認められるとき」とは、相続税法施行令33条３項の適正要件を欠くときであり、「贈与者・遺贈者又はその同族関係者が持分の定めのない法人に提供又は贈与された財産を私的に支配し、その使用、収益を事実上享受し、あるいはその財産が最終的にこれらの者に帰属するような状況にあるとき」をいいます（昭和49.9.30東京地裁、税資76号906項、相令33、昭和39直審（資）24）。

（注）持分の定めのない法人

(1) 定款、寄附行為若しくは規則（これらに準ずるものを含みます。以下(2)において「定款等」といいます。）または法令の定めにより、当該法人の社員、構成員（当該法人へ出資している者に限ります。以下(2)において「社員等」といいます）が当該法人の出資に係る残余財産の分配請求権または払戻請求権を行使することができない法人

(2) 定款等に、社員等が当該法人の出資に係る残余財産の分配請求権または払戻請求権を行使することができる旨の定めはあるが、そのような社員等が存在しない法人

（平成20年７月25日付　資産課税課情報　第14号　13）

3.　相続税法65条と相続税法66条４項の適用関係

持分の定めのない法人を個人とみなして贈与税を課税する同法66条１項から４項と持分の定めのない法人を通じて得た利益を課税対象とする65条１項は、贈与や遺贈をした者の親族等が「法人から利益を享受する」場合に、適用が競合する（重複適用の可能性がある）ため、65条は適用条件に「66条の規定の適用がある場合を除くほか」と規定し、重複適用がないように図っています。

65条は贈与者・遺贈者だけでなく、設立者や理事等の役員、理事や役員の親族なども対象に入れて法人から受ける利益（法人を利用し、贈与者・遺贈者からの間接的に受ける利益）に対し贈与または遺贈を受けたものとして課税します。

これと異なり、66条は贈与者の親族・特殊関係者に対し特別の利益を与えるだけでなく、持分の定めのない法人に提供された財産を私的に支配するなどして贈与税・相続税の負担が不当に減少する結果となる場合には、持分の定めのない法人を個人とみなしてその法人に贈与税または相続税を課税するとしていますが、利益を受ける者の範囲が贈与者・遺贈者の親族等に限定されています。したがって65条１項が一般規定、66条４項は特別規定ということができます。

4.　持分の定めのない法人が個人から遺贈を受けたとき

持分の定めのない法人は、特定の場合に個人とみなされ相続税の納税義務者となります（相法66④、⑥）。特定の場合とは、遺贈者等の親族その他これらの者と特別の関係がある者の贈与税、相続税の負担が不当に減少する結果となると認められるときをいいます（相法66④、⑥、相令33③）。

なお、持分の定めのない法人を設立するために財産の提供があった場合についても同様の扱いとなります（相法66④）。

5.　相続税法66条４項の「相続税又は贈与税の負担が不当に減少する結果となると認められるとき」

表題のこの判定は政令で定めるとされており、相続税法施行令33条３項では、その１号から４号までに掲げる下記要件のすべてを満たす場合には不当に減少する結果とは**ならない**と定めています。

相続税法施行令33条３項１号から４号（要約）
（イ）　運営組織が適正であり、特定の一族の支配を受けていないこと
（ロ）　贈与者、設立者、役員等に特別の利益を与えないこと
（ハ）　法人が解散したときに、残余財産を国等に寄附する旨の定めが

定款等にあること
(二) 法令違反、公益に反する事実がないこと

上述の(イ)運営組織が適正であること及び(ロ)特別の利益を与えないことの2点につき、通達(「贈与税の非課税財産(公益を目的とする事業の用に供する財産に関する部分)及び公益法人に対して財産の贈与等があった場合の取扱いについて」(以下、「昭和39年通達」といいます))はかなり詳細な規定を置いています。以下その概要を紹介しますが、実務にあたっては、同通達の趣旨を踏まえて、各規定への当てはめを注意深く行うことが必要です。

(1) 15項は、「運営組織が適正であること」について、遺贈のあった時点だけでなく将来においても運営組織が適正でなければ組織が私的に支配され、贈与税、相続税の負担が不当に減少する結果となるとの観点から、①定款、寄附行為、規則などに理事及び監事の定数、理事会及び社員総会の定足数など一定の事項が定められていること、②事業運営及び役員等の選任等が定款等に基づき適正に行われていること、及び③事業が社会的存在として認識される程度の規模を有していることを求めるよう規定しています。

(2) 16項は、特別の利益を与えることに該当する場合について、次のような例示を挙げています。

遺贈等をした者、法人の設立者、社員若しくは役員等及びこれらの親族、特殊関係者、同族法人等一定の範囲の者が法人所有財産の私的利用、余裕金の運用、有利な条件での金銭の貸付、無償または低廉譲渡など

6. 一般の篤志家からの遺贈があった場合

財産の遺贈等(寄附)の中には、財産の遺贈等を受ける法人の運営と全く関係のない篤志家からなされるものもあり、このような場

合には、その法人からその贈与をした篤志家に特別の利益を供与することは通常考えにくいです。そこで、次の要件を２つとも具備している場合は、「相続税又は贈与税の負担が不当に減少する結果となると認められるとき」に該当しないものとして取り扱うこととされています。

> ⑴　上記**5.**の要件の（イ）を満たさなくても、（ロ）から（ニ）までの要件を満たしていること
> ⑵　遺贈者が遺贈を受けた法人の理事、監事、評議員その他これらの者に準ずるもの及びこれらの者の親族と遺贈者間には親族関係等の特殊関係なく、これらの者が、法人の財産の運用及び事業の運営に関して私的に支配しておらず、将来も私的に支配する可能性がないと認められる場合

7.　相続税法66条４項の規定を適用すべきかどうかの時期等

相続税法66条４項を適用すべきかどうかの時期等は、遺贈等の時を基準としてその後に生じた事実関係をも勘案して行いますが、遺贈等により財産を取得した法人が、財産を取得した時には相続税法施行令33条３項各号に掲げる要件を満たしていない場合においても、当該財産に係る相続税の申告書の提出期限または更正若しくは決定の時までに、当該法人の組織、定款、寄附行為または規則を変更すること等により同項各号に掲げる要件を満たすこととなったときは、当該遺贈等については相続税法66条４項の規定を適用しないこととして取り扱われます（昭和39年通達17項）。

Q7 事業承継対策としての遺贈寄附の活用例

Q 事業承継対策として一般社団法人等を承継したい非上場の事業会社の持株会社的に利用する方法があると聞きました。一般社団法人へ株式を遺贈寄附するという方法の長所・短所または注意点を教えてください。

A 承継したい事業会社の株式のオーナー経営者が、他者への事業承継を果たす方法としては、株式を後継の経営者である個人に譲渡する、持株会社となる会社を後継の経営者が設立しその会社に株式を譲渡することが一般的ですが、持株会社の代わりに一般社団法人等を株式の受け皿とすることもできます。

B社はオーナーのA氏が創業した法人です。このB社の株式価値を算定したところ、現状では、まだ相続税評価額が低いことがわかりました。しかし今後は、業績が上向くと予想され、株価が高くなることが想定されています。そこで、持株法人を設立し、その法人に自社株を譲渡する方法を金融機関に提案されました。

オーナー所有株式の株価が低い間に、いろいろな形で事業承継対策に重きを置いた相続対策をとることが可能です。その方法としては、以下の３つの方法が考えられます。

株式承継手法
(1)　事業承継者に贈与する方法
(2)　持株会社を設立してオーナーの所有株式を譲渡する方法
(3)　一般社団法人を設立してオーナー所有株式を譲渡する方法

それぞれの方法でメリットデメリットがあるので、以下で検討していくことにします。

1.　事業承継者に贈与する方法

オーナー経営者が所有する株式の相続税評価が低いうち（とき）に、事業承継者（たとえば子）に贈与する方法は一番オーソドックスで課税リスクの少ない方法です。この場合においては、暦年110万円を超える部分に贈与税が課税されるため、相続時精算課税制度などを利用してまとまった株式数を贈与することになるのが一般的です。

しかし、相続時精算課税制度には２つのデメリットがあります。

① 贈与時の株価よりも相続時のほうが株価が低い、あるいは、そもそも会社が倒産してしまったなどの場合であっても、贈与時の株価で相続財産に持ち戻し計算がなされるため無駄に相続税を払わなければならない。

② 子が承継者の場合、贈与によって子への事業承継は完了するが、その子がすでに高齢などの場合にはすぐに次世代への事業承継問題が起こる。そうするとまた同様の対策をとっていかなければならない。

このようなデメリットがあるため、事業承継において単純に株式を事業承継者に贈与する方法は、あまり得策とはいえません。

2. 持株会社を設立してオーナー所有株式を譲渡する方法

オーナー所有株式を、後継者（たとえば子）が設立して支配する持株会社に有償（時価）で譲渡する方法のメリットは、子に贈与税がかからずに持株会社を介在させた事業承継が完了できるという点です。子が持株会社を設立して、その会社に譲渡すれば、間接支配することが可能となります。

しかし、この方法も贈与の場合と同様に２つのデメリットがあります。

① 株式譲渡時の時価（所得税法・法人税法上の時価）は、相続税法上の評価額よりも高くなってしまうことが多く、また子が多額の資金調達を行わなければならない。

② 贈与の場合と同様、持株会社のオーナーが子で、その年齢が高い場合には、次世代への事業承継のことを短時間のうちに考えなければならなくなる。

3. 持株会社として一般社団法人を利用しオーナー所有株式を譲渡する方法

■ 一般社団法人等の特徴

一般社団法人等の特徴は、次のように整理されます。

一般社団法人等の特徴
(1)　行政庁の監督がありません（公益社団法人等は、公益認定時の審査はもちろんのこと、その認定後も行政庁の監督を受けます）。
(2)　実施する事業になんらの制約もありません。
(3)　出資持分がありません。
(4)　(3)により利益の配当はできません。

これらの特徴から、冒頭の事例のような様々な活用が想定されます。

ただし、一般社団法人等はあくまでツールであり、税務署から租税回避に利用されただけではないかとみられたときには問題となります。一般社団法人等を利用して、個人が財産の一部をその法人に移転する場合における租税回避と節税の違いを理解する必要があります。節税を図ることは何ら問題ありませんが、一般社団法人等の利用にあたっては、決して税金を低くすることだけを目的としたもの、言い換えれば、租税の軽減・回避以外に合理性が認められないものとならないように留意する必要があります。

節税は法律に定められた範囲内で、かつ税法の想定する合理的な取引の範囲で税負担を減少させる行為です。これに対し租税回避行為とは「私法上の形成可能性を異常または変則的な（「不自然」という言葉は、主観的判断の幅が広く、不明確度が大きいため、避けておきたい）態様で利用すること（濫用）によって、税負担の軽減または排除を図る行為」とされています（金子宏『租税法（第23版）』133頁）。

一般社団法人等は上記の特徴でも示したとおり株式会社の株式のような、法人の財産に対する持分を有する者のいない法人です。このような法人が持株法人となることのメリットは２点あります。１点は持分のない法人であるため、持株法人が稼得した利益は一般社団法人等にとどまり、設立者の財産を増やせない点です。もう１点は人的支配が可能という点です。

一般社団法人であれば、組織の構成員は以下のようにします。

社員２名　A氏とその配偶者 理事（業務を運営する人）１名　A氏

そして、この一般社団法人にオーナー所有の自社株式を時価で譲渡することにします。

なお、この場合の株式譲渡時の時価は、所得税基本通達59－６により評価しなければなりません。この場合、法人から個人への株式譲渡対価がA氏に渡ることになりますので、資金調達も必要です。

このように一般社団法人等にA氏所有株式を譲り渡すことにより、以下のような効果が得られます。

将来株式評価が上昇した場合にも、その評価益分はオーナーA氏の相続財産を構成しません。したがって、オーナーA氏は将来株価が高くなることによる自社株式の承継に頭を悩ませる必要がなくなります。

持株会社である一般社団法人の承継は、理事長の地位を承継させればよいことになります。すなわち、人的支配のみで承継が可能となるため事業承継がスムーズとなります。ただし、人的支配であるが故に、理事の地位を第三者に脅かされないように対策をとる必要があります。具体的には定款等で、第三者が法人の内部に構成員として入ることができないようにする措置をとっておくなどです。

社員間の多数派工作で、家族または親族間でも社員や理事を解任・追い出される可能性があります。子が既に高齢の場合、次世代への社員・理事の引継ぎをどうするのかも問題です。

Q８ 個人が株式を寄附する際の様々な活用例

個人が株式を寄附する際の様々な活用例を教えてください。

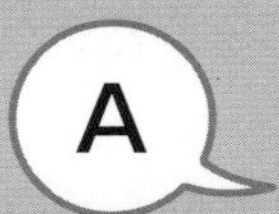

次のような活用例があります。

1．慈善事業を行う財団法人を立ち上げて、その活動原資として遺贈寄附を行う方法

2．持株会の受け皿会社としての一般社団法人を利用してそこに所有株式を寄附する方法

3．信託を利用して、株主権の行使と財産権を分けることで、法人にとって安心できる内容となり、一方で委託者である創業者一族の財産権はそのまま保全される方法

1．慈善事業を行う財団法人を立ち上げて、その活動原資として遺贈寄附を行う方法

A氏夫妻には子がおらず、その他の相続人となるべき者もいません。このような場合にA氏夫妻が亡くなると、その財産は相続人がいないため国庫に帰属してしまいます。

そこで、この場合は小規模な一般財団法人を立ち上げてA氏夫妻の死後その財産が、A氏夫妻の意思である、「自然災害などで被災した子供たちの将来のための奨学金として利用する」という希望を叶える法人として利用します。具体的にはA氏夫妻に遺言を残してもらい、立ち上げられた一般財団法人に自宅不動産と現金及び預金を遺贈します。当該遺贈された財産は一般財団法人で自然災害遺児に奨学金として使われ、すべての財産がなくなった時点で財団法人の活動は終了となります。

このような形で一般財団法人を利用するために、その意思を引き継ぎ、法人を運営してくれる人の存在は欠かせません。また、機関設計等も少々複雑となるため、生前にある程度時間をかけた準備をして、立ち上げておき、活動を始めておくことが必要でしょう。

自宅不動産に含み益がある場合には課税があります。この課税関係についてはQ3で詳述していますので、参考にしてください。

2. 持株会の受け皿会社としての一般社団法人を利用してそこに所有株式を寄附する方法

A法人は旧来から従業員持株会がありますが、最近は新規採用の従業員も少なく、新たに持株会から自社株を買い取る者がいないため、誰も所有者のない株式が多く存在します。この所有者のない株式を買い取る受け皿として一般社団法人を利用します。

旧来から従業員持株会という制度は、法人及び従業員の双方によい制度であり、多用されてきました。従業員は自社の株式を買い受けることで、自社の業績向上が配当の増額に繋がって利益の分与にあずかれるというメリットがあり、他方で会社にとっては従業員のモチベーションアップとともに創業者の所有する株式を従業員という実質的に身内に近い者に安い価額で分散保有してもらうことで相続対策としても利用できるというメリットを享受できました。しかし昨今の厳しい経済情勢においては、会社の業績は従来のような右肩上がりとなることは期待できず、配当の増額等による従業員のモチベーション効果は享受できなくなりました。また、リストラや新規採用の鈍化により株式を手放す者と新規で取得する者のバランスが崩れ、所有者不在株式が多くなっている現状があります。

この場合、自社で当該株式を買い取りした場合には、当該株式を売却した個人株主は配当所得になり、課税が生じることになります。一方で、オーナー自身を買取り先にすることは配当還元価額で売却した株式を原則的評価額で買い戻すことになり、ここでも高い株式評価による資金調達の困難性や相続財産評価の上昇という問題が起こります。

そこで一般社団法人をこの浮遊株式の受け皿として利用します。この場合は買取り価額としては配当還元価額で原則としてよいことになります。なぜなら出資持分のない法人であるため、たとえ、一般社団法人においてオーナーが評議員や理事になっているとしても、オーナーの同族関係者とされることがないため、取得する株数の議決権が30%を超えない限り、少数株主となるためです。

3. 信託を利用して、株主権の行使と財産権を分けることで、法人にとって安心できる内容となり、一方で委託者である創業者一族の財産権はそのまま保全される方法

Ａ社にとっては受託者である一般社団法人が株主となります。一般社団法人を利用する理由は、議決権が統一行使されることで、法人の経営が混乱しないようにできることが大きなメリットになります。信託を利用して、株主権の行使と財産権を分けることで、法人にとって安心できる内容となり、一方で委託者である創業者一族の財産権はそのまま保全されます。

受託者である一般社団法人はＡ社の民法上の所有者となり、会社法上の株主となります。これにより老舗企業Ａ社の株主名簿にも記載がなされます。配当は、株主である一般社団法人に支払われることになりますが、実質的な所有者は受益者である創業者一族なので、税務上はこれらの者が配当課税を受けることになります。信託は「譲渡」に該当するものの、委託者と受益者が同じであるため、信託した際に税務上の譲渡が認識されることはありません。

一般社団法人を受託者として利用することで、議決権を統一行使できることと、持分のない法人であるため経済的に支配されることがないことという２つの利点があります。また、安定株主として寄与することもメリットとして挙げられます。さらに、今後株主に相続が生じても、議決権の行使に支障が生じることもありません。

第3節 不動産の遺贈寄附

Q1 不動産の範囲と相続税法上の評価

Q 不動産の範囲と相続税法上の評価を教えてください。

A 不動産とは、民法上、土地及び土地に定着している物（以下、「定着物」といいます）をいうとされています（民86①）。定着物には、家屋、立木、橋、石垣などがあたります。家屋及び立木法による登記をされた樹木は、土地とは別個の不動産とみなされます。以下解説においては、とくに不動産の相続税法上の評価を中心に解説します。

相続税や贈与税を計算するときには、国税庁の定める財産評価基本通達によって、相続や贈与などにより取得した土地や家屋などの不動産は次のように評価されます。

⑴ 土　地

土地は、原則として宅地、田、畑、山林などの地目ごとに評価します。

土地の評価方法には、路線価方式と倍率方式があります。

①　路線価方式

路線価方式は、路線価が定められている地域の評価方法です。路線価とは、路線（道路）に面する標準的な宅地の１平方メートル当たりの価額のことで、千円単位で表示されます。路線価方式における土地の価額は、路線価をその土地の形状等に応じた奥行価格補正率などの各種補正率で補正した後に、その土地の面積を乗じて計算します。

【図表１：路線価図】　※国税庁ホームページより

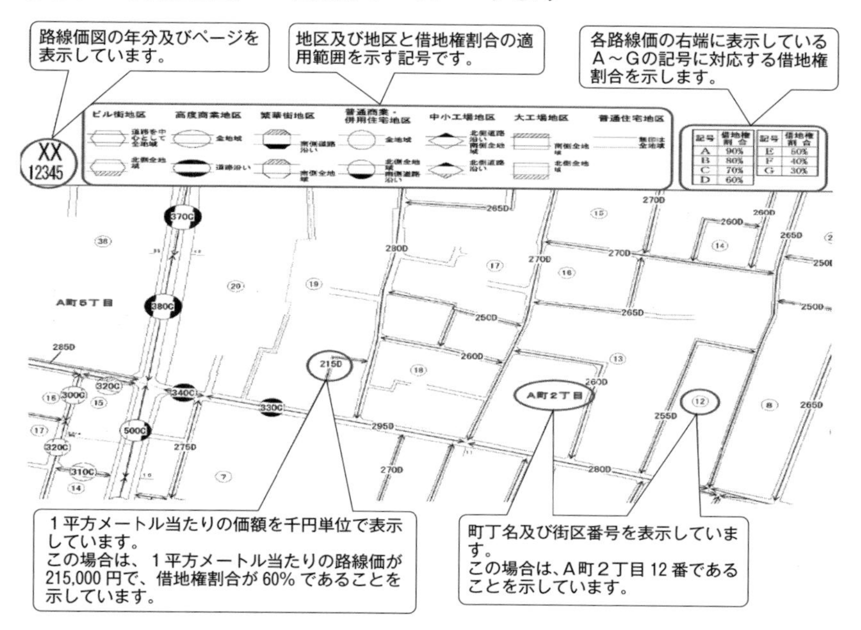

イ．一路線に面する宅地

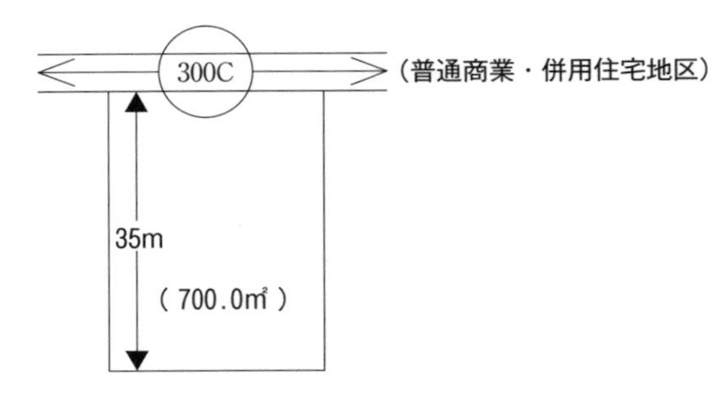

【普通商業・併用住宅地区で路線価地区区分での表記が「300C」であり、奥行距離が35ｍ、かつ700平方メートルの土地の場合の計算例】

1：自用地の価額

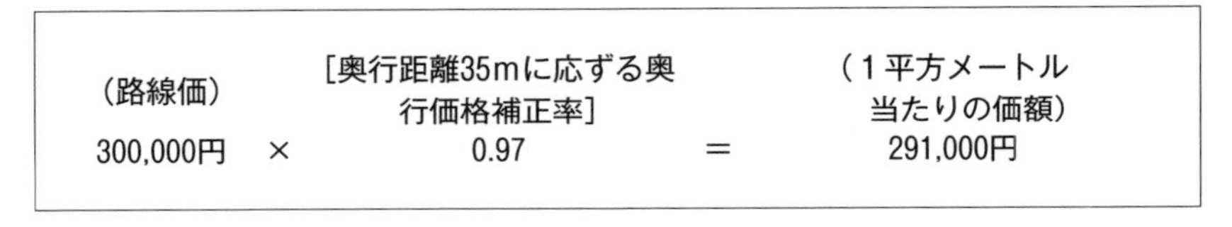

（路線価）		[奥行距離35mに応ずる奥行価格補正率]		（1平方メートル当たりの価額）
300,000円	×	0.97	＝	291,000円

（1平方メートル当たりの価額）		（地積）		（自用地の価額）
291,000円	×	700平方メートル	＝	203,700,000円

2：借地権の価額

（自用地の価額）		（借地権割合）		（借地権の価額）
203,700,000円	×	70%	＝	142,590,000円

② **倍率方式**

倍率方式は、路線価が定められていない地域の評価方法です。倍率方式における土地の価額は、その土地の固定資産税評価額（都税事務所、市区役所または町村役場で確認）に一定の倍率を乗じて計算します。

【図表２：評価倍率表】※国税庁ホームページより

〔掲載例〕

市区町村名：○○○町　　　　　　　　　　　　　　○○○税務署

音順	町（丁目）又は大字名	適用地域名	借地権割合	固定資産税評価額に乗ずる倍率等						
				宅地	田	畑	山林	原野	牧場	池沼
			%	倍	倍	倍	倍	倍	倍	倍
ね	根小屋	上記以外の地域	40	1.1	中　90	中　113	純　48	純　48		
ま	又野	農業振興地域内の農用地区域			純　34	純　54				
		上記以外の地域	40	1.1	純　48	純　67	純　46	純　46		
み	三ケ木	用途地域の指定されている地域	―	路線	周比準	周比準	比準	比準		
		農業振興地域内の農用地区域			純　55	純　79				

〔計算例〕

（宅地の固定資産税評価額）		（倍率）		（評価額）
10,000,000円	×	1.1	＝	11,000,000円
（田の固定資産税評価額）		（倍率）		（評価額）
50,000円	×	48	＝	2,400,000円

⑵　家　屋

家屋は自用の場合には、固定資産税評価額に1.0を乗じて計算します。

⑶　その他

① 賃貸されている土地や家屋については、権利関係に応じて評価額が調整されます。

② 相続した宅地等が事業の用や居住の用として使われている場合には、限度面積までの部分についてその評価額の一定割合を減額する相続税の特例があります。

Q2 不動産を寄附する場合の留意点

Q 不動産を公益法人等に寄附する場合について、寄附特有の留意点などがあれば教えてください。

A 不動産の寄附を考える場合には、不動産特有の課税関係や受贈する側での管理・処分等の煩わしい問題があるので注意が必要です。

1．不動産の寄附における特有の問題点

相続財産の中で最も大きな割合を占めるのは、土地や家屋などの不動産であることが多いです。日本では現在、空き家のまま放置されている土地や家屋が増えています。不動産を相続・管理する者がいないなど、不動産を寄附したいというニーズは年々増えています。しかし、不動産特有の課税関係、管理・処分等、不動産ならではの煩わしい問題点があります。

不動産を現物・現状のままで受贈する個人あるいは団体はあまり多くありません。なぜなら、現金と比べ、名義変更の手続きなどに手間がかかるのと、寄附された不動産をそのまま利用できるケースは多くないからです。そうした場合、売却処分をする必要が生じます。うまく売却できる不動産であれば問題ありませんが、地方の不

動産でなかなか売却できないような場合、受贈者にとって負担となるケースも想定しておく必要があります。また建物の管理の煩わしさ、火災のリスクや近隣とのトラブルなども考慮しておく必要があります。自宅建物のような場合には、家財等の処分も必要です。

したがって、受贈者に一定程度の規模があり、不動産の管理・処分の経験があるかなど、不動産を受け入れる側の受入れ・管理能力を事前に十分検討しておき、了解を取っておくことなどが事実上必要となります。

2. 寄附を実行する方法

不動産を寄附する場合には、まず、その不動産の寄附を希望する団体側に事前に相談・折衝をします。どのような不動産であるかを開示し、その不動産を受入れ可能かどうか協議します。受入側に過去に寄附の受入経験がなくても、不動産を受け入れる条件によっては可能なことも多くありますし、受入側にメリットがある方法や負担を軽減する方法などを一緒に考えることもできます。

思い入れのある不動産をそのまま活用してほしいという場合を除き（どうしても不動産を現状の形のまま利用・公開することを希望する場合、それができる団体を探さなければなりません）、死後に換金して遺贈寄附する方法もあります。また生前に自分で売却して、売却後の代金を寄附する方法もありますが、居宅だと生前に実行することは難しくなります。

そこで、多くの場合は、死後に遺言執行者を通して不動産を処分し、その換価代金の一部または全部を遺贈するように「換価分割による遺言」（換価型遺言）を作成することになります。遺言執行者については信頼のおける人を選定する必要があります。不動産が売れない場合も想定して遺言を書く必要があることに留意します。

3. 不動産寄附における各種サービス

換金を前提とした場合は、売却できることは大きなポイントといえます。そこで、弁護士や税理士、NPO 法人などが2016年に立ち上げた「一般社団法人全国レガシーギフト協会」では2020年７月より、不動産を換金したうえでの寄附や相続人寄附を広めようと協会会員の方を対象に「不動産査定取次サービス」を行っています。同サービスなどを利用するのも１つの方法かと思います。

【図表１：「不動産査定取次サービス」】

Ａ．換価型遺言による寄付

①不動産所有者（遺言者）は非営利団体へ不動産の遺贈について相談
②非営利団体は Google Form で当会へ査定を申込み（お客様紹介カードを添付）
③当会は不動産会社へお客様紹介カードにて不動産情報を送信
④不動産会社は当該不動産の取扱可否を判断し当会へ報告
⑤当会は当該不動産の取扱可否判断を非営利団体へ報告
⑥非営利団体は当該不動産の取扱可否判断を所有者（遺言者）へ報告

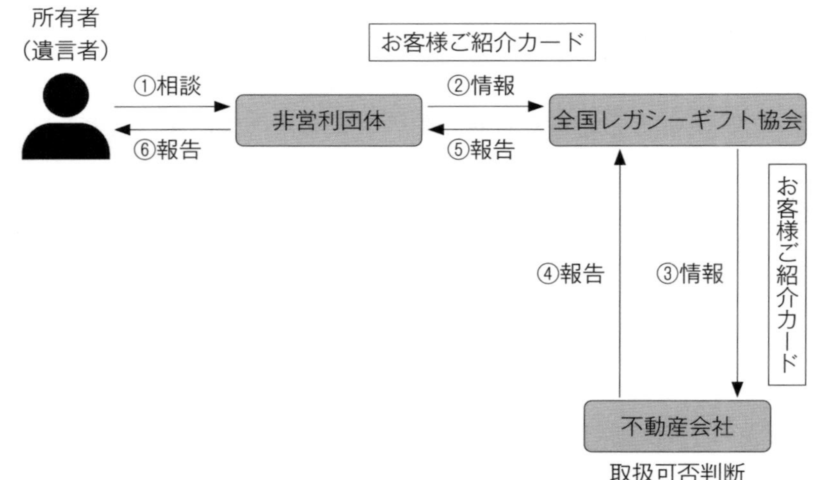

※取扱可否判断とは、市場価格や成約予想価格を提示する査定とは異なり、当該物件を将来仲介物件として取扱できるか否かを現時点で判断し、「可・否」のみが回答されるものです。

B．本人による寄付
①不動産所有者（本人）は非営利団体へ不動産の寄付について相談
②非営利団体は Google Form で当会へ査定を申込み（お客様紹介カードを添付）
③当会は不動産会社へお客様紹介カードにて不動産情報を送信
④不動産会社は当該不動産の査定結果を当会へ報告
⑤当会は当該不動産の査定結果を非営利団体へ報告
⑥非営利団体は当該不動産の査定結果を所有者（本人）へ報告
⑦不動産会社から<連絡可・メール可>の場合は直接所有者（本人）へ報告

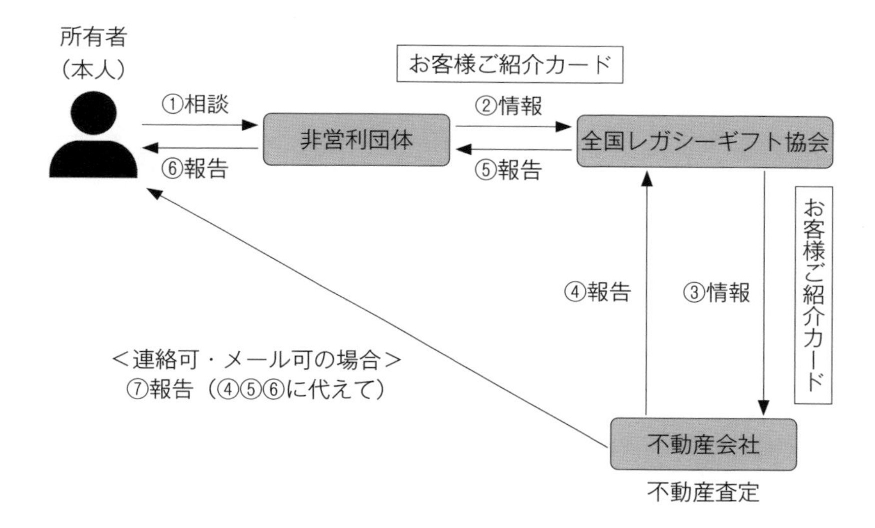

C．相続人による寄付
①不動産所有者（相続人）は非営利団体へ不動産の寄付について相談
②非営利団体は Google Form で当会へ査定を申込み（お客様紹介カードを添付）
③当会は不動産会社へお客様紹介カードにて不動産情報を送信
④不動産会社は当該不動産の査定結果を当会へ報告
⑤当会は当該不動産の査定結果を非営利団体へ報告
⑥非営利団体は当該不動産の査定結果を所有者（相続人）へ報告
⑦不動産会社から<連絡可・メール可>の場合は直接所有者（相続人）へ報告

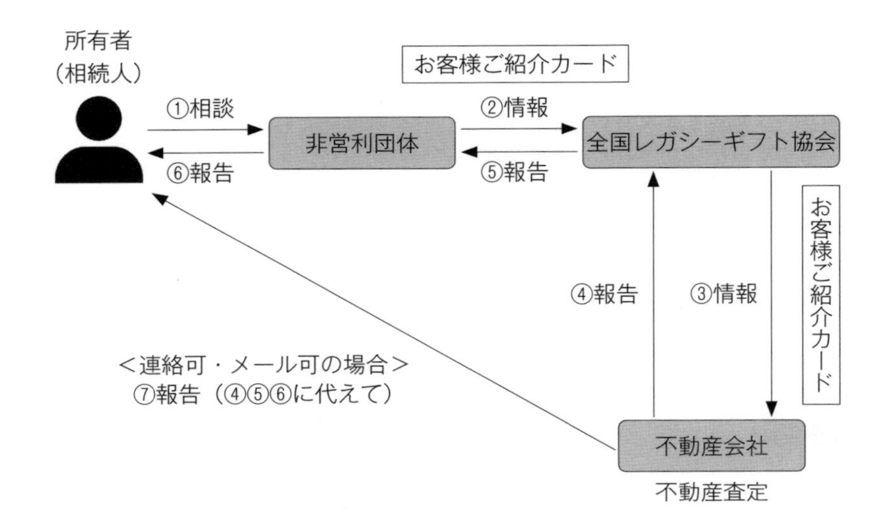

D．遺言による現物寄付

①非営利団体は Google Form で当会へ査定を申込み（お客様紹介カードを添付）
②当会は不動産会社へお客様紹介カードにて不動産情報を送信
③不動産会社は当該不動産の査定結果を当会へ報告
④当会は当該不動産の査定結果を非営利団体（所有者）へ報告
⑤不動産会社から＜連絡可・メール可＞の場合は直接所有者（非営利団体）へ報告

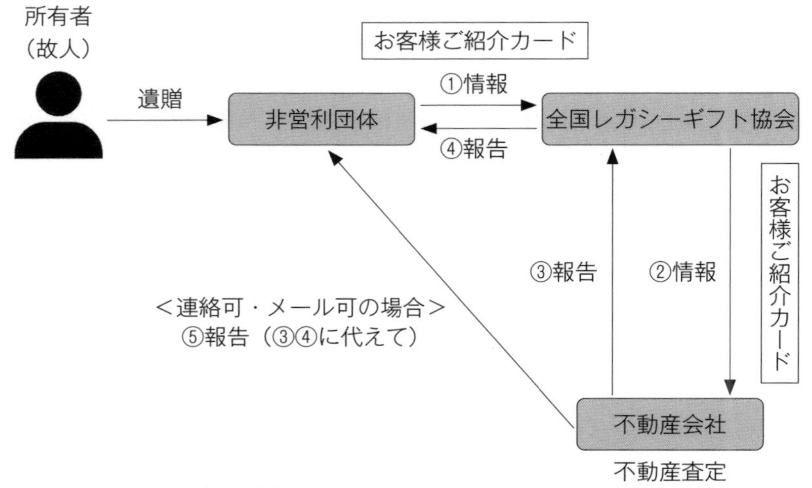

出典：全国レガシーギフト協会の HP より

「不動産を寄附したい」という相談を受けたNPO法人などが、その土地の情報など必要事項を協会に送り、協会は提携している不動産会社にその不動産情報を提供します。不動産会社は、その不動産を仲介物件として将来扱えるかどうかを判断するほか、ケースによっては査定額を協会に報告し、協会はNPO法人などにその結果を伝えます（本人の同意があれば協会ではなく直接、不動産所有者に報告する場合もあります）。このサービスの利用は無料です。ただし、市街化調整区域や係争中の物件、原野などは対象外となります。「売れるか売れないか」の不安がこのサービスによって解消されれば、より多くのNPO法人などでも不動産を受け入れられるようになると期待されます。

Q3 不動産を寄附する場合に留意すべき課税関係

不動産を寄附する場合に留意すべき課税関係として、個人が公益法人等に寄附する場合に特有の課税関係があると聞きました。それについて教えてください。

A

個人が公益法人等に対して不動産を寄附した場合、寄附者が時価で譲渡したものとみなされ、時価が取得価額を超える場合には、その超える金額を所得とみなして寄附者に譲渡所得税が課税されます（所法59①）。ただし、一定の要件を満たす寄附の場合にはその譲渡所得税が非課税となる特別措置があります（措法40①後段）。

1. みなし譲渡所得課税

個人が法人に対して不動産を寄附（遺贈、死因贈与なども含みます）する場合、「時価」で譲渡があったものとみなして、時価が取得価額を上回る場合には、その上回る部分を所得とみなして譲渡所得税が課税されます（所法59①）。

遺贈の場合には、少し複雑です。遺贈は、遺贈者の死亡により遺言の効果が生じます。受遺者である法人が遺贈の放棄をしない限り、遺贈者の相続人は相続開始を知った日の翌日から４カ月以内に他の所得も含む準確定申告を行い（所法124）、納税義務を負います（通法５）。

法人に対する遺贈が特定遺贈であれば、特定遺贈の受遺者である法人は遺贈者の準確定申告に関しては、申告義務も納税義務も負いません。

しかし、法人に対する遺贈が包括遺贈であれば、包括受遺者である法人は被相続人の債務を承継しますので、包括受遺者である法人も被相続人（遺贈者）の所得税の準確定申告の共同提出義務を負い、所得税の納税義務を承継します。相続人や受遺者が複数人いる場合には、それぞれの者が承継する国税の額は、民法900条から902条までの規定（法定相続分、遺言による相続分の指定）による相続分により按分して計算した額によります（通法５②）。

なお、負担すべき国税の額が相続によって得た財産の額を超えるときは、その相続人（包括受遺者を含みます）はその相続財産額を限度とし、他の相続人がその納付義務を負うものと規定されています（通法５③）。このため、不動産などの含み益のある財産を法人に対し包括遺贈する場合には、相続人が納税資金に困らないようにあらかじめ考慮する必要があります。

【事　例】
時価5,000万円の土地を法人に特定遺贈します。
概算取得費＝5,000万円×５％　250万円
5,000万円×（１－0.05）×20.315％≒965万円

所得税の納税資金を相続人に相続させる場合、その納税資金にも相続税が課税されます。法人に特定遺贈する場合には、準確定申告における譲渡所得の税金相当額を受遺者である法人に負担させるように負担付遺贈を行う等の配慮が必要になります。

2. 措置法40条１項後段の非課税承認

1.のみなし譲渡所得課税ですが、以下の３つの要件を満たしていることについて、国税庁長官の承認が得られる場合には非課税となる措置があります。これは租税特別措置法40条１項後段に規定があります（国や地方自治体などへの寄附の場合には、以下の要件は不要です）。

措置法40条１項後段の非課税承認の要件
① **公益増進要件：** その寄附が、教育または科学の振興、文化の向上、社会福祉への貢献その他公益の増進に著しく寄与すること ② **事業供用要件：** 寄附財産を寄附があった日から２年を経過する日までの期間内に受贈法人の公益目的事業の用に直接供する、または供する見込みであること ③ **不当減少要件：** その寄附が寄附者またはその親族等の相続税、贈与税の負担を不当に減少する結果とならないと認められること

不動産の遺贈寄附においてはとくに②の事業供用要件を満たすかどうかに留意する必要があります。なぜなら不動産の寄附の場合、「受贈法人の公益目的事業の用に直接供するまたは供する見込みがある」という要件を満たすことが難しいためです。たとえば、居住用不動産を保育園事業を行う公益法人等に寄附する場合、公益目的事業に当たる保育園事業に直接供するためには、建物の改修などで保育園事業における園舎として使用する場合が該当します。受贈法人の公益目的事業が当該不動産を直接供することができないような場合には、この特例を受けられません。

なお、不動産を売却後にその代金を公益目的事業の用に供することでは、この要件を満たすことはできません。また、売却代金を他の不動産購入にあてて、当該不動産を公益目的事業の用に供することも同じです。さらには、第三者に貸し付けて、その貸付収入を公益目的事業の用に供することも同じです。

さらに、不動産を遺贈寄附する際の注意点として、敷金・保証金などを負担させる場合があります。これを負担付遺贈といいます。負担付遺贈の場合には、その負担部分、すなわち保証金などの債務は対価となります（所法33）。そうすると**1.**のみなし譲渡所得課税の無償譲渡に該当しないこととなり、たとえ措置法40条１項の国税庁長官の承認適用対象法人であったとしても、みなし譲渡所得課税を非課税とする措置法40条１項後段は、そもそも適用できないこととなりますのでご留意ください。

Q４ 措置法40条１項後段の非課税承認の特例制度

Q

個人が公益法人等に不動産を寄附する際に非課税承認（措法40①後段）を利用する場合、非常に長い時間がかかると聞きました。しかし最近、短時間で承認される制度が創設されたと聞き及んでおりますが、この制度について教えてください。

A

措置法40条の非課税承認はQ３で述べたとおりです。この非課税承認を受けるまでに要する時間を短縮するため、承認特例制度が創設されました（平成30年度税制改正）。それは、一定の要件を満たす場合には、国税庁長官の非課税承認または不承認の決定が申請から一定の期間内に行われなかったときは、自動的に承認があったものとみなすという制度です。公益法人等とは直接関係のない者からの寄附等、租税回避にはつながらないと考えられる寄附についてまで承認までに長期間を要することは、申請者（納税者）の課税関係が不安定（未定）な状態に置かれ、好ましいことではありません。そこで、この承認特例が創設されました。

1. 一定の期間

一定の期間とは、寄附された現物資産が、株式、新株予約権、特定受益証券発行信託の受益権及び社債的受益権等の場合は３カ月以内、寄附された現物資産がそれ以外の場合には１カ月以内となっています。

2. 承認特例の対象法人

承認特例の対象法人は、以下の法人となります。

承認特例対象法人
• 国立大学法人等（国立大学法人、大学共同利用機関法人、公立大学法人、独立行政法人国立高等専門学校機構若しくは国立研究開発法人をいいます） • 公益社団法人、公益財団法人 • 学校法人（学校法人会計基準に従い会計処理を行う一定のものに限ります） • 社会福祉法人 • 認定 NPO 法人

3. 承認特例の要件

【要件１】
寄附をした人が寄附を受けた法人の役員等及び社員並びにこれらの人の親族等に該当しないこと（国立大学法人等（法人税法別表第１に掲げるものに限ります）については、承認要件ではありません）

この要件は、寄附者と寄附を受ける法人との間になんらの関係性がない場合には、租税回避である可能性が低いため設けられました。相続税法施行令33条３項における贈与を受けた法人の理事、監事、評議員、職員のうちに、贈与者及び贈与者の親族等がいなければ、その要件は不要というものと同様です。

【要件２】
寄附財産について、寄附を受けた法人の区分に応じ、基金若しくは基本金に組み入れる方法により管理されていることまたは必要な事項が定款で定められていること

(1) 国立大学法人等

寄附財産が、一定の公益目的事業に充てるための基金に組み入れる方法（基金が公益目的事業に充てられることが確実であることなどの一定の要件を満たすことについて、寄附を受けた法人が所轄庁の証明を受けたものに限ります。なお、寄附を受けた法人は、基金の証明を受けた事業年度以後、基金明細書を毎事業年度終了後３カ月以内に、所轄庁に提出する必要があります）により管理されていること

(2) 公益社団法人・公益財団法人

次の①または②のいずれかの方法によります。

① 寄附財産が寄附を受けた法人の不可欠特定財産であるものとして、その旨並びにその維持及び処分の制限について、必要な事項が定款で定められていること
② 寄附財産が、一定の公益目的事業に充てるための基金に組み入れる方法（注）により管理されていること
（注）上記の国立大学法人等の場合と同様です。

⑶　学校法人（学校法人会計基準に従い会計処理を行う一定のものに限ります）

寄附財産が、寄附を受けた法人の財政基盤の強化を図るために、学校法人会計基準30条１項１号から３号までに掲げる金額に相当する金額を同項に規定する基本金に組み入れる方法により管理されていること

⑷　社会福祉法人

寄附財産が、寄附を受けた法人の経営基盤の強化を図るために、社会福祉法人会計基準６条１項に規定する金額を同項に規定する基本金に組み入れる方法により管理されていること

⑸　認定 NPO 法人

寄附財産が、一定の特定非営利活動に係る事業に充てるための基金に組み入れる方法により管理されていること

【要件３】
寄附を受けた法人の理事会等において、寄附の申出を受けること及び寄附財産について基金若しくは基本金に組み入れることまたは不可欠特定財産とすることが決定されていること

承認特例を受けるためには、理事会等の合議制の機関において基金や基本金に組み入れることを決定していることが必要となります。基金に組み入れた資産を恣意的に寄附者やその関係者の利益に資するように使われることなどがないようにするための措置です。

合議制の機関においては、資産を基金へ組み入れる決定等を行った際に議事録の作成が必要になります（公益社団法人・公益財団法人に対する個人からの現物資産寄附のみなし譲渡所得税非課税承認

～証明申請等の手引き～Ｐ６）。

4. 承認特例の対象となる現物寄附

受贈法人の役員等及び社員以外の者からの寄附、すなわち受贈法人の第三者からの寄附です。第三者からの現物財産の寄附で、その財産を直接公益目的事業の用に供しているもの、たとえば、保育園を運営するNPO法人が第三者から不動産の寄附を受けて、それを保育園の経営に使うような場合です。そのような場合に、今まではあれば、国税庁長官の認定を受けるには、かなりの時間を要しましたが、一定の要件を満たした基金をあらかじめ設定していれば、不動産なら１カ月で、承認されます。

第三者からの株式や著作権などの寄附を受けた場合は、その配当金や印税収入を公益目的事業の用に供していれば、措置法40条の非課税特例が受けられました。第三者からのこれらの寄附については、基金を設置することで、１カ月（株式なら３カ月）で承認されます。役員や職員、社員以外の人から株式や著作権、公益目的事業に直接使える不動産を受ける可能性がある法人は、この承認特例のために基金を設置しておくとよいと思われます。

5. 承認特例の対象とならない現物寄附

＜承認特例の対象とならない現物寄附＞
• 受贈法人の役員等や社員から現物寄附を受ける場合 • 売却を前提にして現物寄附を受ける場合

寄附を受けた現物財産を売却する場合には、そもそも措置法40条の非課税規定が使えないので、承認特例は意味がありません。認定NPO法人の中には、寄附を受けた財産は売却することを前提にし

ているところがありますが、そのような法人は、この承認特例は使えません。他方で、今まで寄附を受けた財産は売却することを前提にしていた法人も、買換特例（Q5参照）を使うことで、措置法40条1項後段を利用するということを考える法人も出てくると思われます。

Q5 措置法40条１項後段の非課税承認における承認継続の制度

Q

個人が公益法人等に不動産を寄附する際に非課税承認を利用する場合、当該不動産について買換特例を利用することによって非課税承認の継続ができる場合があると聞きました。これについて詳しく教えてください。

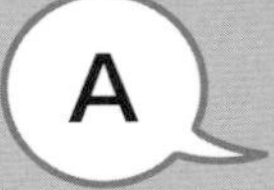

措置法40条１項後段においては寄附財産の非課税承認を受けた後に、寄附財産を譲渡したとしても代替資産に買い換えるなどの一定の要件を満たす場合には非課税承認を継続できます。この制度は大きく以下の２つの制度に分かれます。

1．措置法40条５項の買換特例

2．特定資産買換えの特例

2.の特定資産買換えの特例は、平成30年税制改正で導入された制度です。令和２年度の改正で当該特例の対象法人として認定NPO法人も含まれることになりました。

1.　措置法40条5項の買換特例とは

措置法40条１項後段における非課税承認を受けた場合の例外規定として同法40条５項の買換特例があります。これは、現物寄附を受けた財産を他の財産に買い換えた場合でも、みなし譲渡の非課税制度が継続できるという制度です。遺贈寄附を受けた公益法人が同法40条１項後段の非課税承認の適用を受けた寄附財産を、２年以上公益目的事業の用に供した後に譲渡し、譲渡による収入金額の全部に相当する金額をもって同様の資産を購入し、その資産を直接公益目的事業の用に供する場合には、譲渡の日の前日までに一定の書類を国税庁長官に提出する等の手続きをとることにより、非課税制度の継続適用を受けることができます（措法40⑤、措規18の19⑫）。

２年以上直接供しているかどうかの判定は、株式の場合、寄附を受けた日以後に寄附された株式から生じた果実を最初に公益目的事業の用に供した日から２年を経過したかどうかで判断します（措法40条通達23）。

同法40条５項に規定する「譲渡の日」とは、寄附を受けた財産の譲渡による引渡しの日をいうものとして取り扱われます（措法40条通達25）。

措置法40条５項の買換特例の要件
⑴　譲渡する寄附財産が、公益法人等の公益目的事業の用に２年以上直接供しているものであること
⑵　買換資産は、譲渡による収入金額の全部に相当する金額をもって取得する、公益目的事業の用に供することができる譲渡財産と同種の資産、土地及び土地の上に存する権利であること
⑶　買換資産を、譲渡の日の翌日から１年を経過する日までの期間内に公益目的事業の用に直接供すること
⑷　非課税承認に係る公益法人等が、譲渡の日の前日までに、譲渡の日などの事項を記載した届出書を所轄税務署長に提出すること

譲渡資産が株式である場合には、公社債及び投資信託の受益権は同種の資産に含まれるものとして取り扱われます（措規18の19⑪）。ただし、割引債や無分配型（分配型であって利息が再投資されるものを含みます）の投資信託の受益権などのように、果実が生じない、または生ずる果実を公益目的事業の用に直接供することができない公社債及び投資信託の受益権は同種の資産に含まれません（措法40条通達29）。

たとえば、不動産であれば障害者の施設に利用していた不動産を何らかの理由で移転しなければならなくなった際に、当該不動産を売却して、他の不動産を購入し、それを障害者の施設に再度利用するなどの場合に適用できます。

2. 特定資産買換えの特例

平成30年度の税制改正で特定資産買換えの特例が新たに設けられました。この制度で上記**1.**の買換特例の要件のうち、以下の２つの要件が外されました。

特定資産買換えの特例の要件除外
(1) 譲渡する寄附財産が、公益法人等の公益目的事業の用に２年以上直接供しているものであること (2) 買換資産は、譲渡資産と同種の資産であること

すなわち、寄附財産を公益法人等の公益目的事業の用に直接供しないうちに買い換えても、その買換資産が公益目的事業の用に直接供されていれば問題ないということです。

不動産は、直接公益目的事業の用に供することは可能ですが、それができるのは限られた状況だけです。しかし、当該特例において寄附を受けた不動産を公益目的事業の用に直接供することなく、たとえば株式等といった他の資産に買い換えて、その運用益を公益目的事業の用に直接供すれば、措置法40条１項後段の国税庁長官の承認の継続が受けられることになります。今まで、不動産の寄附を受ける場合には、みなし譲渡課税を支払う前提で受けていた受贈法人が多く、そのような受贈法人にとっては、不動産を株式等に買い換えることによって、みなし譲渡課税の負担を生じさせずに受け入れることができる可能性ができたことになります。

3. 特定資産買換特例のその他の要件

その他の要件については、**Q4** 承認特例における**【要件２】**及び**【要件３】**と同じです。ただし、**【要件１】**については要求されていません。すなわち **Q4** の承認特例は、「寄附をした者が寄附を受けた法人の役員等及び社員並びにこれらの者の親族等に該当しないこと」が必要です。一方、特定資産の買換特例には、このような要件はありません。

Q4 承認特例と特定資産買換えの特例の２つの制度で、共通して満たさなければならない要件は、寄附を受ける法人が、あらかじめ「基金」を設定し、寄附を受けた現物資産をこの基金で受け入れる必要があることです。

ここで基金とは、公益目的事業に充てられることが確実であることなどの一定の要件を満たすことについて、寄附を受けた法人が所轄庁の証明を受けたものです。寄附を受けた法人は、基金の証明を受けた事業年度以後、基金明細書を毎事業年度終了後３カ月以内に、所轄庁に提出する必要があります。基金に組み入れた財産は、公益社団法人及び公益財団法人の認定等に関する法律２条４号に規定する公益目的事業に充てることが必要であり、たとえば、寄附を受けた土地を収益目的で貸し付け、その賃貸収入を将来的にこれらの業務に充てるようなことは認められません（貸し付けた時点で、寄附を受けた土地をこれらの業務以外に充てることとなるため）。

不動産の寄附を受けて、賃貸事業などの用に供した場合などは、仮に基金に組み入れていたとしても、措置法40条１項後段の承認を継続できず承認を取り消されます（措法40③）。

たとえば、賃貸用不動産の寄附を受けて、その賃貸収入が入ってきた後に売却して株式に買い換えた場合には適用がないということになります。一方、寄附を受けた土地を有価証券等に買い換え、その運用益を将来的にこれらの業務に充てるため基金に組み入れることは可能となります。

特例寄附資産（国税庁長官の承認を得、非課税措置を受けた資産）を譲渡した場合は、その譲渡による収入金額の全部に相当する金額をもって資産を取得する必要があります。新たな資産を取得するまでの間は、その収入金（現預金）を基金内に留保しておくことが必要です。譲渡収入を、公益目的事業に使ってしまうことはできません。買い換えるまでの一時的な期間、基金内に留保することはできるという制度になります。

Q6 居住用不動産を寄附した場合の課税関係

個人が公益法人等に自己の居住用不動産を寄附する場合におけるみなし譲渡所得課税を避ける方法について教えてください。

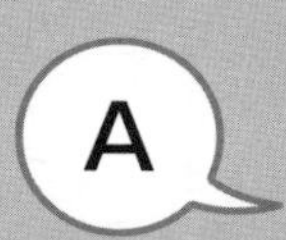

居住用財産の譲渡の特別控除（3,000万円）を適用できる場合があります（措法35①）。

また居住用不動産の寄附先が税制優遇団体であれば、寄附金控除が受けられます。

1. 居住用財産の特別控除が使える場合

寄附財産が居住用財産の場合には、居住用財産の3,000万円の特別控除（措法35）の適用を考える必要があります。すなわち、みなし譲渡所得に対して課税される場合（所法59①）であっても、3,000万円の特別控除の要件を満たしていれば、その適用を受けることができます。

居住用財産の特別控除の要件は、以下のとおりです。

【適用要件】
(1) 自分が住んでいる家屋を売るか、家屋とともにその敷地や借地権を売ること。なお、以前に住んでいた家屋や敷地等の場合には、住まなくなった日から３年を経過する日の属する年の12月31日までに売ること。

(注)　住んでいた家屋または住まなくなった家屋を取り壊した場合は、次の２つの要件すべてに当てはまることが必要です。

イ　その敷地の譲渡契約が、家屋を取り壊した日から１年以内に締結され、かつ、住まなくなった日から３年を経過する日の属する年の12月31日までに売ること。

ロ　家屋を取り壊してから譲渡契約を締結した日まで、その敷地を貸駐車場などその他の用に供していないこと。

(2)　売った年の前年及び前々年にこの特例（「被相続人の居住用財産に係る譲渡所得の特別控除の特例」によりこの特例の適用を受けている場合を除きます）または居住用財産の譲渡損失についての損益通算及び繰越控除の特例の適用を受けていないこと。

(3)　売った年、その前年及び前々年に居住用財産の買換えや居住用財産の交換の特例の適用を受けていないこと。

(4)　売った家屋や敷地について、収用等の場合の特別控除など他の特例の適用を受けていないこと。

(5)　災害によって滅失した家屋の場合は、その敷地を住まなくなった日から３年を経過する日の属する年の12月31日までに売ること。

(6)　売手と買手が、親子や夫婦など特別な関係でないこと。

特別な関係には、このほか生計を一にする親族、家屋を売った後その売った家屋で同居する親族、内縁関係にある人、特殊な関係のある法人なども含まれます。

(注)　(特定増改築等）住宅借入金等特別控除については、入居した年、その前年または前々年に、この居住用財産を売ったときの特例の適用を受けた場合には、その適用を受けることはできません。

また、入居した年の翌年以降において、(特定増改築等）住宅借入金等特別控除の対象となる資産以外の資産を譲渡してこの特例の適用を受ける場合は、次のとおりとなります。

イ　その譲渡が令和２年（2020年）４月１日以降の場合

入居した年の翌年から３年目までのいずれかの年中の譲渡である場合は、(特定増改築等）住宅借入金等特別控除の適用を受けることはできません。

ロ　その譲渡が令和２年（2020年）３月31日以前の場合

入居した年の翌年または翌々年中の譲渡である場合は、(特定増改築等）住宅借入金等特別控除の適用を受けることはできません。

なお、この居住用財産を売ったときの特例は、次のような家屋には適用されません。

(1)　この特例を受けることだけを目的として入居したと認められる家屋 (2)　居住用家屋を新築する期間中だけ仮住まいとして使った家屋、その他一時的な目的で入居したと認められる家屋 (3)　別荘などのように主として趣味、娯楽または保養のために所有する家屋

2. 寄附金控除が使える場合

不動産の寄附についても、現預金等の寄附と同様に寄附金控除の対象になります。国や地方公共団体、特定公益増進法人（独立行政法人や学校法人、社会福祉法人、公益法人など）、認定 NPO 法人に寄附をした場合などです。

寄附金控除の対象となる金額、すなわち特定寄附金の額は、寄附をした時の資産の価額（時価）によります。したがって、みなし譲渡課税における時価そのものが寄附金控除の対象となります。ただし、寄附金控除は特定寄附金の額のうち、「総所得金額等の40％が限度」となります。したがって、寄附者がみなし譲渡による所得以外の所得が小さい若しくはない場合には、みなし譲渡所得のうち寄附金控除で相殺できない金額が出るため、残りの所得に対して課税されます。

【事　例】
寄附者甲は、時価２億円、取得価額が5,000万円の不動産
寄附先：認定 NPO 法人乙
甲のその他の所得はゼロとします。
寄附金控除以外の所得控除は100万2,000円
総所得金額等：２億円－5,000万円＝１億5,000万円
特定寄附金の額：２億円＞１億5,000万円×40％＝6,000万円
6,000万円となります。
寄附金控除は、課税所得の40％が限度となります。
課税所得金額：１億5,000万円－（6,000万円－2,000円）－100万2,000円＝8,900万円。ここに所得税と住民税が課税されます。
寄附金控除がない場合
課税所得１億5,000万円－100万2,000円＝１億4,899万8,000円で約１億4,900万円

寄附金控除は、特定寄附金の額のうち「総所得金額等の40％が限度」ですが、「総所得金額等」は、分離課税の譲渡所得金額の場合には、特別控除前の所得金額となります。したがって、3,000万円の特別控除前の譲渡所得金額が計算の基礎になります。

Q７ 空き家不動産を寄附した場合の課税関係

個人が公益法人等に空き家不動産を寄附する場合に、みなし譲渡所得課税を避ける方法について教えてください。

A

空き家を譲渡した場合でも、居住用財産を譲渡した場合と同様にその所得に対して3,000万円の特別控除を適用できる場合があります（所法33、措法35③、措令20の３、23、措規18の２）。また、個人が公益法人等に空き家を寄附した後、受贈法人が空き家を譲渡して、その譲渡収入により有価証券等を購入後、それを定められた基金の中で運用する場合には、措置法40条１項後段の非課税承認を適用できる場合があります。

1. 空き家を寄附した場合

個人が公益法人等に空き家を寄附した場合、公益法人等がそれを公益目的事業の用に直接供しない限り、空き家に含み益がある場合には、みなし譲渡所得に対して課税されます（所法59①）。しかし、以下のように空き家を譲渡した場合でも、居住用財産を譲渡した場合と同様にその所得に対して3,000万円の特別控除を適用できる場合があります（措法35③）。

2. 空き家の3,000万円特別控除

空き家の3,000万円特別控除とは、相続により空き家になった不動産を相続人が譲渡し適用要件を満たした場合に、当該不動産を譲渡した際の譲渡所得から3,000万円を控除することができるという特例です。この特例を適用できるケースは、相続により空き家になった不動産を相続人が寄附をした場合になります。

【適用要件】

⑴ **適用期間**

相続日から起算して３年を経過する日の属する年の12月31日まで、かつ、特例の適用期間である平成28年（2016年）４月１日から令和５年（2023年）12月31日までに譲渡することが条件となります。

⑵ **相続した家屋**

相続開始の直前において被相続人が１人で居住していたものであること（注）

- 昭和56年（1981年）５月31日以前に建築された区分所有建築物以外の建物であること
- 相続時から売却時まで、事業、貸付、居住の用に供されていないこと
- 相続により土地及び家屋を取得すること

（注） 税制改正により平成31年（2019年）４月１日以降の譲渡については、下記２つの要件を満たした場合も被相続人が相続開始の直前に居住していたものとして認められます。

① 被相続人が介護保険法に規定する要介護認定等を受け、かつ、相続の開始の直前まで老人ホーム等に入所をしていたこと

② 被相続人が老人ホーム等に入所をした時から相続の開始の直前まで、その家屋について、その者による一定の使用がなされ、かつ、事業の用、貸付けの用またはその者以外の者の居住の用に供されていたことがないこと

⑶ **譲渡内容**

- 譲渡対価の額の合計額が１億円以下（共有で譲渡する場合には合計

額が1億円以下）であること
- 相続人が耐震リフォームをして売却すること。または、相続人が家屋を取り壊して売却すること

(4) **他の特例との適用関係**
- 自己居住用財産の3,000万円特別控除または自己居住用財産の買換特例のいずれかとの併用が可能（同一年中に空き家の3,000万円特別控除と自己居住用財産の3,000万円特別控除とを併用する場合には、2つの特例を合わせて3,000万円が控除限度額となります）
- 住宅ローン控除との併用が可能
- 相続財産を譲渡した場合の相続税の取得費加算とは選択適用

■ 寄附者が、相続で取得した不動産で、相続してから3年を経過した日の12月31日までの寄附であること
■ 相続する前は、被相続人が居住の用に供していたこと
■ 寄附をする空き家は、昭和56年（1981年）5月31日以前に取得したものであること
■ 寄附をする直前に、耐震リフォームをするか、取り壊すこと
■ 時価が1億円以下であること

3. 措置法40条1項後段の非課税承認の継続

空き家を公益法人等が公益目的事業の用に直接供し、その他の要件をクリアすれば、措置法40条1項後段の非課税承認を受けることもできます。ただし、空き家を公益目的事業の用に直接供することが難しい場合も多くあります。そこで、そのような場合に寄附者のみなし譲渡所得税を避ける方法として、以下の選択肢があります。

① 空き家を譲渡して、その収入を公益目的事業の用に供する
② 空き家を貸し付けて、その賃貸収入を公益目的事業の用に供する

同法40条1項後段の非課税承認の適用を受ける場合には、原則として、その寄附を受けた不動産を2年以内に直接、公益目的事業の用に供する必要があります。しかし①及び②のいずれも同法40条1

項後段の要件を満たすことができないため、非課税承認を受けることはできません。

ただし、その空き家を売却し、その売却収入で有価証券等を購入してその運用益を定められた基金の中で運用する場合には、同法40条1項後段の非課税承認を適用できる場合があります。すなわち、特定資産の買換えの特例（Q5参照）を用いて、空き家を売却後、その収入を有価証券等に変えて、その果実をもって直接公益目的事業の用に供する場合が該当します。

寄附を受ける公益法人等が、一定の要件を備えた基金を設定し、その基金に寄附を受けた不動産を受け入れた場合には、その不動産を買い換えて、株式等にした場合であっても、非課税承認が継続できます。

空き家の場合、収益が発生しないため、基金に受け入れて、売却できたタイミングで株式等に買い換えることで同法40条1項後段の非課税承認が継続できます。

なお、賃貸不動産は、収益が発生するため、非課税承認を受けられません。

Q8 事業用不動産を寄附した場合の課税関係

Q

事業用不動産（賃貸不動産）に「特定買換資産の特例」を使って措置法40条１項後段の非課税承認の適用を受けることは可能でしょうか。

A

賃貸不動産の寄附は、受贈法人が一旦基金に受け入れて、収益事業に供する前に売却をして、その売却収入を有価証券等に買い換えた場合には、同法40条１項後段の非課税承認を適用することも可能です。

賃貸不動産の寄附を受けた後に一度でも収益目的で貸付けを行った場合には、その後に売却して、その売却収入を有価証券等に買い換えても、措置法40条１項後段の非課税承認の適用を受けることはできません。

賃貸不動産は、居住用財産の3,000万円の特別控除のような制度はありません。賃貸不動産の寄附は、その賃貸収入を公益目的事業に使う場合や、その賃貸不動産を売却して、その売却収入を公益目的事業に使う場合については、そのいずれの場合も、時価と取得価額を上回っている（含み益がある）場合には、みなし譲渡所得に課税されます（所法59①）。そのため、賃貸不動産を遺贈寄附する場合は、含み益がある場合には、同法40条１項後段の非課税承認の適用を受けないと多額の納税をして寄附をすることになります。賃貸不動産は、受贈する法人側は、すぐに安定的な収入があるため、大変ありがたい寄附となります。しかし、みなし譲渡所得課税をどのように負担していくのかということを考えたうえで寄附を受ける必要があります。

そこで特定資産の買換えの特例を適用することを考えます。この制度は、寄附を受けた不動産から収入を得た場合には、貸し付けた時点で、寄附を受けた土地を公益目的の業務以外に充てることとなるため適用ができません。ただし、賃貸不動産の寄附を受けた場合でも、それを貸し付ける前に売却して、有価証券等に買い換えれば、この特例が受けられる可能性があります。

なお、賃貸不動産は、すぐに収益が上がりますので、寄附を受ける前にしっかりと準備しておかないと、この特例の適用はハードルが高いと思われます。

第4節　美術品等の遺贈寄附

Q1　有形文化財の範囲

Q　有形文化財の範囲について教えてください。

A　有形文化財とは、建造物、絵画、彫刻、工芸品、書跡、典籍、古文書その他の有形の文化的所産で我が国にとって歴史上または芸術上価値の高いもの（これらのものと一体をなしてその価値を形成している土地その他の物件を含みます）並びに考古資料及びその他の学術上価値の高い歴史資料をいいます。

■　文化財とは

文化財の定義は、文化財保護法に定められており、有形文化財、無形文化財、民俗文化財、記念物、文化的景観及び伝統的建造物群から構成されています（文保法２①)。それぞれの定義は下記のとおりとなります。

有形文化財	建造物、絵画、彫刻、工芸品、書跡、典籍、古文書その他の有形の文化的所産で我が国にとって歴史上または芸術上価値の高いもの（これらのものと一体をなしてその価値を形成している土地その他の物件を含みます）並びに考古資料及びその他の学術上価値の高い歴史資料
無形文化財	演劇、音楽、工芸技術その他の無形の文化的所産で我が国にとって歴史上または芸術上価値の高いもの
民俗文化財	衣食住、生業、信仰、年中行事等に関する風俗慣習、民俗芸能、民俗技術及びこれらに用いられる衣服、器具、家屋その他の物件で我が国民の生活の推移の理解のため欠くことのできないもの
記念物	貝づか、古墳、都城跡、城跡、旧宅その他の遺跡で我が国にとって歴史上または学術上価値の高いもの、庭園、橋梁、峡谷、海浜、山岳その他の名勝地で我が国にとって芸術上または観賞上価値の高いもの並びに動物（生息地、繁殖地及び渡来地を含みます)、植物（自生地を含みます）及び地質鉱物（特異な自然の現象の生じている土地を含みます）で我が国にとって学術上価値の高いもの
文化的景観	地域における人々の生活または生業及び当該地域の風土により形成された景観地で我が国民の生活または生業の理解のため欠くことのできないもの
伝統的建造物群	周囲の環境と一体をなして歴史的風致を形成している伝統的な建造物群で価値の高いもの

有形文化財のうち、文部科学大臣が重要なものとして指定したものを「重要文化財」といい、重要文化財のうち、文部科学大臣が世界文化の見地から価値の高いもので、たぐいない国民の宝たるものとして指定したものを「国宝」といいます（文保法27①、②)。

体系図で示すと、下記のとおりになります。

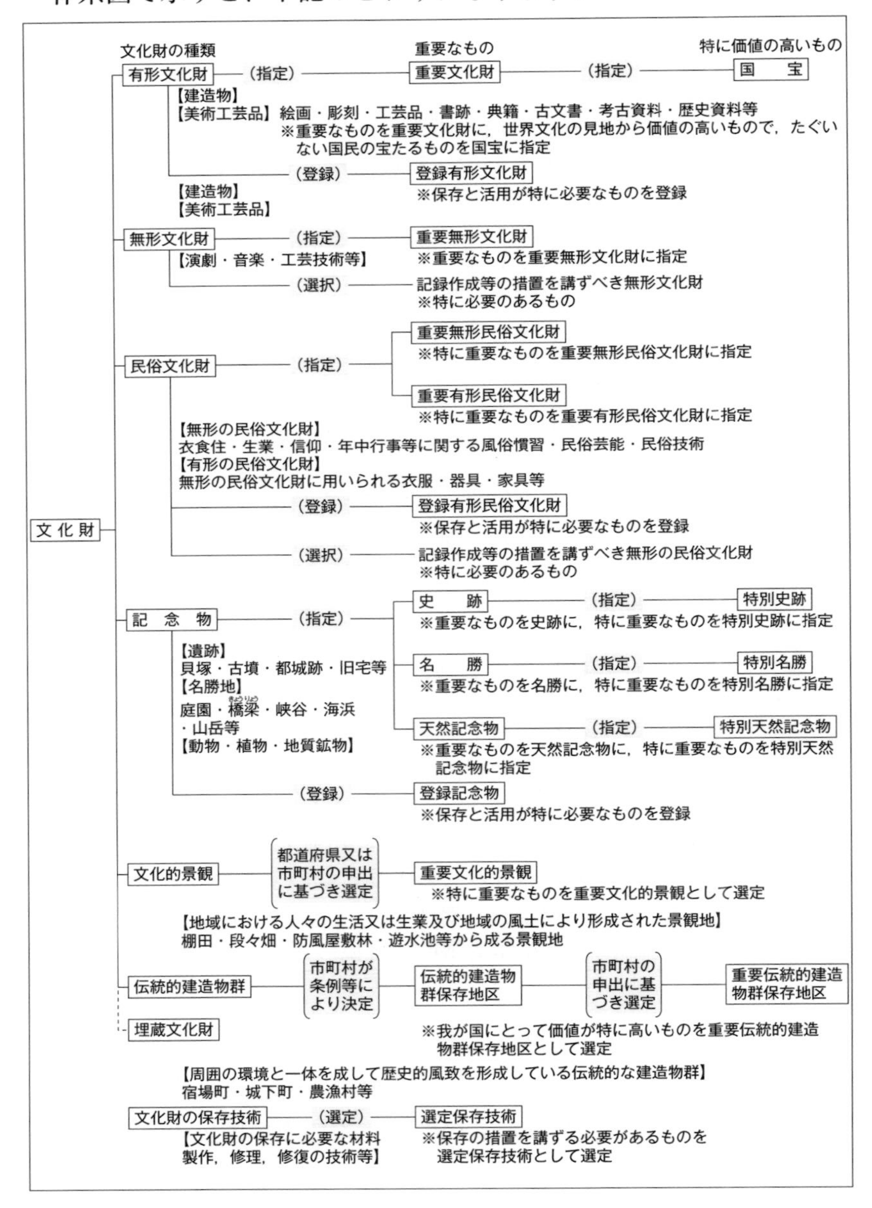

出典：令和元年度文部科学白書

令和２年１月１日時点の国宝及び重要文化財の件数は、下記のとおりです。

種別／区分		国宝	重要文化財
美術工芸品	絵画	162	2,031
	彫刻	138	2,715
	工芸品	253	2,469
	書跡・典籍	228	1,916
	古文書	62	774
	考古資料	47	647
	歴史資料	3	220
	計	893	10,772
建造物		(290棟) 227	(5,122棟) 2,509
合計		1,120	13,281

(注) 重要文化財の件数は，国宝の件数を含む。

出典：令和元年度文部科学白書

Q2 文化財保護に関する税制優遇措置

文化財保護に関する税制優遇措置について教えてください。

文化財の散逸防止のため、重要文化財等の譲渡・生前寄附における所得税の非課税制度など様々な税制優遇措置が設けられています。

■ 文化財保護に関する税制優遇措置の概要

美術品等は、国民共通の社会資本であり、文化財保護法により保護される以外の美術品等についても、国が責任をもって保護し、有効活用を図り、パブリック・アクセスに資する必要があります。また、個人のコレクションにも国民の貴重な共有財産となる名品が多く存在し、これらの美術品等の散逸を防ぐため、税制も活用し、寄附や物納、寄託などを促進していくことが重要であり、その際しかるべき施設（美術館等）において公開し活用していく必要があります。そのため、国税において次のような税制優遇措置が設けられています。

事　項	措置内容		根拠法
相続財産の寄附（相続人寄附）	【公益社団・財団法人】 ・芸術の普及向上に関する業務を行う法人 ・文化財の保存活用に関する業務を行う法人	非課税＜相続税＞	措法70①
	【独立行政法人】 ・国立美術館 ・国立文化財機構 ・国立科学博物館 ・日本芸術文化振興会		
	【認定特定非営利活動法人】 ・学術、文化、芸術またはスポーツの振興を図る活動		
重要文化財等の譲渡・生前寄附	・国、地方公共団体、独立行政法人国立美術館・国立文化財機構・国立科学博物館・地方独立行政法人（博物館相当施設として指定された博物館、美術館、植物園、動物園または水族館の設置・管理を主たる目的とするもの）に対する重要文化財（動産または建物）の譲渡	非課税＜所得税＞	措法40の２（譲渡の場合）⇒Q3 参照 措法40①（生前寄附の場合）
	・独立行政法人または博物館若しくは美術館の設置及び管理を主たる目的とする地方独立行政法人に対する有形文化財の生前寄附	非課税＜所得税＞	措法40① 措令25の17①、⑧

	・国、地方公共団体、独立行政法人国立文化財機構・国立科学博物館・地方独立行政法人（博物館相当施設として指定された博物館または植物園の設置・管理を主たる目的とするもの）に対する重要文化財・史跡名勝天然記念物として指定された土地の譲渡	【個人】2,000万円を限度とする特別控除<所得税> 【法人】2,000万円を限度とする特別控除<法人税>	措法34②四 措法65の3①四 措法68の74①（連結納税の場合）
重要文化財等の相続・贈与	重要文化財である家屋等（土地を含みます）を相続・贈与により取得した場合の相続税法上の評価	財産評価額の70/100を控除<相続税・贈与税>	財基通24－8 同83－3 同89－2 同97－2
	登録有形文化財である家屋等（土地を含みます）を相続・贈与により取得した場合の相続税法上の評価	財産評価額の30/100を控除<相続税・贈与税>	
	伝統的建造物（文部科学大臣が告示するもの）である家屋等（土地を含みます）を相続・贈与により取得した場合の相続税法上の評価	財産評価額の30/100を控除<相続税・贈与税>	
登録美術品の相続	納付すべき相続税額について、登録美術品を相続税として物納	物納の優先順位第1位	措法70の12① ⇒**Q4**参照
文化財（美術工芸品）に係る相続	保存活用計画が認定され、美術館等において寄託・公開された国宝・重要文化財・登録有形文化財（美術工芸品）の相続	保存活用計画及び寄託契約期間中は相続税を納税猶予	措法70の6の7 ⇒**Q5**～**Q8**参照

出典：文化庁「文化庁関係の税制について（2019年6月19日）」を修正・加筆

措置法40条や70条については他の章において触れていますので、本章においては文化財独自の制度である下記の制度について述べていきます。

- 国等に対して重要文化財を譲渡した場合の譲渡所得の非課税制度（Q3）
- 登録美術品による相続税の物納の特例措置（Q4）
- 特定の美術品についての相続税の納税猶予及び免除制度（Q5～Q8）

Q3 国等に対して重要文化財を譲渡した場合の譲渡所得の非課税制度

国等に対して重要文化財を譲渡した場合の譲渡所得の非課税制度について教えてください。

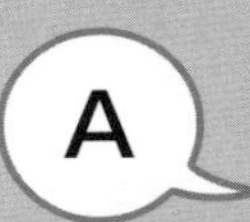

個人が、重要文化財として指定されたもの（土地を除きます）を国等に譲渡した場合には、その譲渡所得については非課税とされます。

1. 非課税制度の概要

個人が、その有する土地以外の資産で、重要文化財として指定されたものを次に掲げる者に譲渡した場合には、その譲渡所得については非課税とされます（措法40の２）。よって、申請書の提出も不要です。

① 国
② 独立行政法人国立文化財機構
③ 独立行政法人国立美術館
④ 独立行政法人国立科学博物館
⑤ 地方公共団体
⑥ 博物館法の規定により博物館相当施設として指定された博物館、

美術館、植物園、動物園又は水族館の設置及び管理の業務を行うことを主たる目的とする地方独立行政法人（措令25の17の２①）
⑦　文化財保護法192条の２第１項に規定する文化財保存活用支援団体（※）（措令25の17の２②）
※　公益社団法人（その社員総会における議決権の総数の２分の１以上の数が地方公共団体により保有されているものに限る）または公益財団法人（その設立当初において拠出をされた金額の２分の１以上の金額が地方公共団体により拠出をされているものに限る）であって、その定款において、その法人が解散した場合にその残余財産が地方公共団体またはその法人と類似の目的をもつ他の公益を目的とする事業を行う法人に帰属する旨の定めがあるものをいいます（措令25の17の２②）。

この制度は、国民共通の文化的遺産として保存、活用が図られるべき国宝、重要文化財等の中には個人の私有に委ねられて死蔵されたり、不適当な管理の下にあるものも少なくない現状にあるところから、文化財保護法による各種の措置とあいまって、これらについて国及び地方公共団体等の買上げによりその十分な管理保存、活用に資するため、文化財保護法により国の先買権の対象となる国宝、重要文化財を国及び地方公共団体等に対して譲渡した場合に認められる税制優遇措置です。

重要文化財であっても、法人が行う譲渡、譲渡所得に該当しない、たとえば棚卸資産として所有する文化財の譲渡などの場合には適用されません。重要文化財ではない有形文化財を譲渡した場合には、所得税法本法の総合譲渡所得課税（所法33）が適用され、譲渡した資産の所有期間に応じて所得を短期譲渡所得と長期譲渡所得に区分したうえで給与所得などの他の所得と合算され、所得の金額に応じて５％～45％の税率を乗じて所得税の金額を計算します（所法89）。そのほかに、復興特別所得税（2.1％）及び住民税（10％）も課税されます。

⑦の文化財保存活用支援団体（以下、「支援団体」といいます）に譲渡する場合には、次に掲げる要件をすべて満たす必要があります（措令25の17の２③）。ただし、重要文化財として指定された資産（以下、「取得資産」といいます）が建造物以外のものである場合には、第１号及び第４号に掲げる要件のみ満たすことが求められます。

一　当該支援団体と地方公共団体との間で、その取得資産の売買の予約又はその取得資産の第三者への転売を禁止する条項を含む協定に対する違反を停止条件とする停止条件付売買契約のいずれかを締結すること。
二　上記一の売買の予約又は停止条件付売買契約の締結につき、その旨の仮登記を行うこと。
三　その取得資産が、文化財保護法第192条の２第１項の規定により当該支援団体の指定をした同項の市町村の教育委員会が置かれている当該市町村の区域内に所在すること。
四　文化財保護法第183条の５第１項に規定する認定文化財保存活用地域計画に記載された取得資産の保存及び活用に関する事業（地方公共団体の管理の下に行われるものに限る。）の用に供するために当該支援団体が譲渡を受けるものであること。

2. 国による買取基準

文化財保護法で、重要文化財には国による先買権が認められています（文保法46）。文化庁が公表している国による重要文化財等の買取基準は下記のとおりです。買取対象には、重要文化財だけでなく、重要有形民俗文化財及びこれらに準ずる文化財（東洋及び西洋の美術作品を含みます）も含まれます。ただし、重要文化財以外には、上記**1.**の非課税制度を使うことはできません。

1　国宝、重要文化財、重要有形民俗文化財又はこれらに準ずる文化財で国民共通の財産として国において計画的に購入し、保存を図る必要のあるもの。 2　文化財保護法第46条第１項（同法第83条において準用する場合を含む。）の規定により国に対して売渡しの申出があったもののうち国において保存を図る必要のあるもの。 3　国宝、重要文化財又は重要有形民俗文化財で管理が適切でないもの又は散逸等のおそれのあるもので国において緊急に保存を図る必要のあるもの。 4　国宝、重要文化財又は重要有形民俗文化財に準じる文化財で海外流出及び散逸のおそれがあるため国において緊急に保存を図る必要のあるもの。 5　日本の近代美術作品又は東洋若しくは西洋の美術作品のうち国において保存を図る必要のあるもの。 6　重要無形文化財保持者等の作品のうち製作優秀なもので国において保存を図る必要のあるもの。

出典：文化庁 HP「国宝・重要文化財等買取基準」

3.　国による買取手続と買取実績

国が買い取る場合の手続きの流れは、次のとおりです。

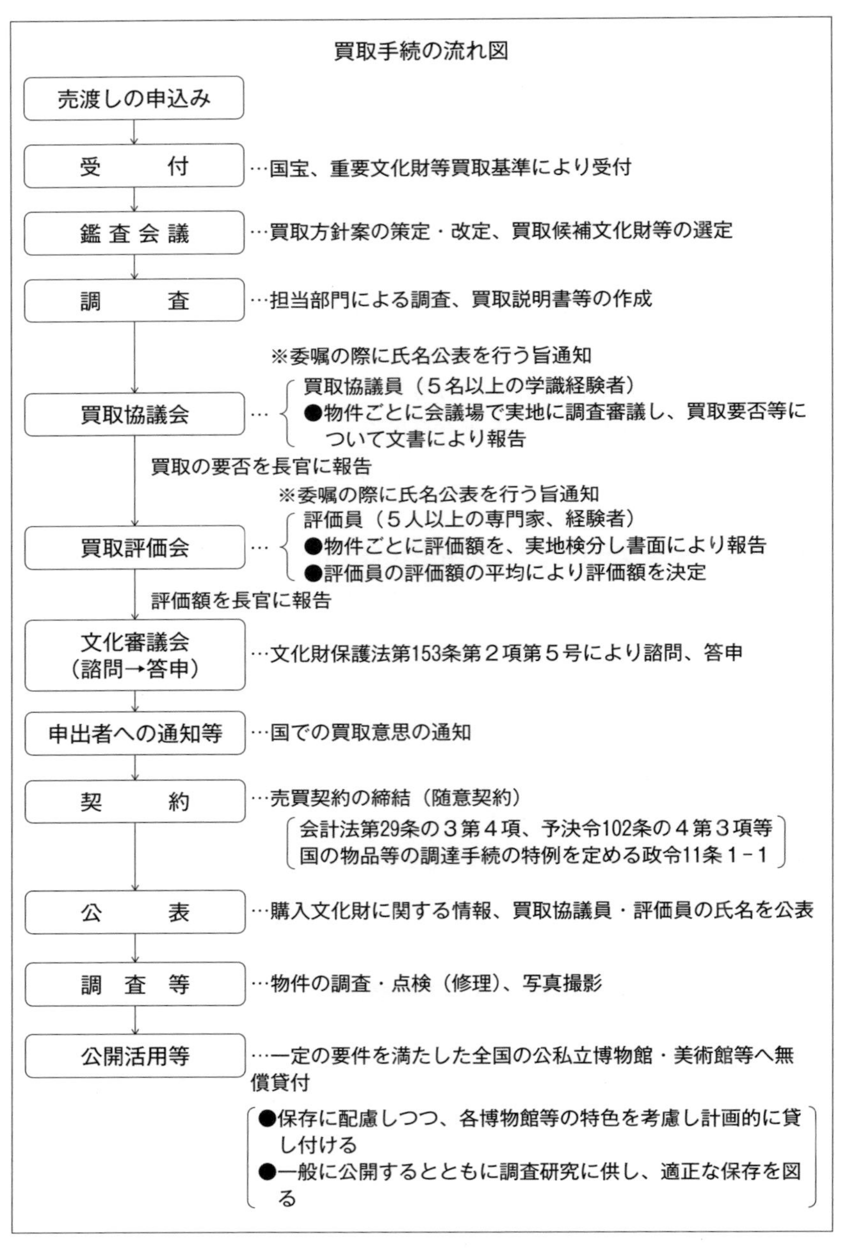
買取手続の流れ図
売渡しの申込み
受　　付
…国宝、重要文化財等買取基準により受付
鑑査会議
…買取方針案の策定・改定、買取候補文化財等の選定
調　　査
…担当部門による調査、買取説明書等の作成
※委嘱の際に氏名公表を行う旨通知
買取協議会
買取協議員（５名以上の学識経験者）
●物件ごとに会議場で実地に調査審議し、買取要否等について文書により報告
買取の要否を長官に報告
※委嘱の際に氏名公表を行う旨通知
買取評価会
評価員（５人以上の専門家、経験者）
●物件ごとに評価額を、実地検分し書面により報告
●評価員の評価額の平均により評価額を決定
評価額を長官に報告
文化審議会（諮問→答申）
…文化財保護法第153条第２項第５号により諮問、答申
申出者への通知等
…国での買取意思の通知
契　　約
…売買契約の締結（随意契約）
会計法第29条の３第４項、予決令102条の４第３項等
国の物品等の調達手続の特例を定める政令11条１－１
公　　表
…購入文化財に関する情報、買取協議員・評価員の氏名を公表
調　査　等
…物件の調査・点検（修理）、写真撮影
公開活用等
…一定の要件を満たした全国の公私立博物館・美術館等へ無償貸付
●保存に配慮しつつ、各博物館等の特色を考慮し計画的に貸し付ける
●一般に公開するとともに調査研究に供し、適正な保存を図る

出典：文化庁 HP より

これまでの買取実績は、下記のとおりです。

（単位：円）

No.	種別	区分	指定／認定年月日	記号番号	名称	員数	購入額
1	彫刻	重要文化財	明治43年４月20日	彫刻第1655号	乾漆虚空蔵菩薩半跏像〈／（虚空蔵堂安置）〉	１軀	539,639,999
2	書跡・典籍	未指定	－	－	医学書（崇蘭館本）	23件（56冊）	300,000,000
3	絵画	未指定	－	－	絹本墨画白衣観音図〈黙庵筆／〉	一幅	270,000,000
4	工芸品	重要文化財	平成16年６月８日	工芸品第2620号	朱漆輪花天目盆	一面	108,000,000
5	彫刻	重要文化財	昭和34年８月２日	彫刻第778号	木造不動明王坐像	１軀	385,000,000
6	古文書	重要文化財	昭和９年１月30日	古文書第254号	紙本墨書阿波国板野郡田上郷延喜二年戸籍残巻	１巻	300,000,000

出典：文化庁 HP より

文化庁のホームページにて購入した文化財については毎年公表されています。上記 No.5の購入文化財の概要はこちらです。

【彫刻】

1．木造不動明王坐像（もくぞうふどうみょうおうざぞう）　1軀

区分：重要文化財（明治 34 年 8 月 2 日指定、彫第 778 号）
種別：木造／仏像（明王）
法量：像高 81.1㎝
時代：平安時代

両目を見開き上牙下出する、いわゆる大師様の不動明王像で、像底の修理銘により愛宕山旧在と知られる。大振りの目鼻立ち、幅広で厚みのある体軀、著衣に刻まれる翻波式衣文などに平安前期風をとどめながら、穏やかに整えられた造形に十世紀彫刻の特色をみせる。当代の優品として名高い像である。

国（文化庁保管）

出典：文化庁 HP より

Q４ 登録美術品による相続税の物納の特例措置

Q 登録美術品による相続税の物納の特例措置について教えてください。

A 登録美術品を相続した場合には、通常の美術品とは異なり、物納の優先順位が不動産等と同等の第１順位となり、登録美術品で物納することが容易となります。ただし、相続開始の時において既に登録を受けている必要があります。

1. 物納制度の原則

国税は、金銭で納付することが原則ですが（通法34）、相続税に限っては、延納によっても金銭で納付することを困難とする事由がある場合には、税務署長は納税者の申請により、その納付を困難とする金額を限度として金銭以外の一定の相続財産による物納を許可することができます（相法41）。

物納に充てることができる財産は、納付すべき相続税額の課税価格計算の基礎となった相続財産のうち、次に掲げる財産及び順位（(1)から(5)の順）で、その所在が日本国内にあるものに限られます（相法41②、⑤）。後順位の財産は、税務署長が特別の事情があると認める場合及び先順位の財産に適当な価額のものがない場合に限って物納に充てることができます。

<table>
<tr><th>順　位</th><th colspan="2">物納に充てることができる財産の種類</th></tr>
<tr><td rowspan="2">第１順位</td><td>(1)</td><td>不動産、船舶、国債証券、地方債証券、上場株式等（特別の法律により法人の発行する債券及び出資証券を含みますが、短期社債等は除かれます）</td></tr>
<tr><td>(2)</td><td>不動産及び上場株式のうち物納劣後財産（※）に該当するもの</td></tr>
<tr><td rowspan="2">第２順位</td><td>(3)</td><td>非上場株式等（特別の法律により法人の発行する債券及び出資証券を含みますが、短期社債等は除かれます）</td></tr>
<tr><td>(4)</td><td>非上場株式のうち物納劣後財産（※）に該当するもの</td></tr>
<tr><td>第３順位</td><td>(5)</td><td>動産</td></tr>
</table>

※　物納劣後財産とは、物納財産ではあるが他の財産に対して物納の順位が後れるものとして政令で定めたものをいい、具体的には他の財産よりも売却し難い財産になります（相法41④）。

物納の許可を申請しようとする者は、その物納を求めようとする相続税の納期限までに、または納付すべき日に、金銭で納付することを困難とする金額及びその困難とする事由、物納を求めようとする税額、物納に充てようとする財産の種類及び価額その他の一定の事項を記載した申請書に物納の手続きに必要な一定の書類を添付し、これを納税地の所轄税務署長に提出しなければなりません（相法42①）。ただし、物納申請期限までに物納手続関係書類を提出することができない場合は、物納手続関係書類提出期限延長届出書を提出することにより、１回につき３カ月を限度として、最長で１年まで物納手続関係書類の提出期限を延長することができます（相法42④～⑦）。

【参　考】相続税物納申請書

税務署収受印

相続税物納申請書

税務署長殿
令和　年　月　日

(〒　－　)

住所

フリガナ
氏名

法人番号	

職業　　電話

下記のとおり相続税の物納を申請します。

記

1　物納申請税額

		円
① 相続税額		
同上のうち	②現金で納付する税額	
	③延納を求めようとする税額	
	④納税猶予を受ける税額	
	⑤物納を求めようとする税額 (①－(②+③+④))	

2　延納によっても金銭で納付することを困難とする理由

(物納ができるのは、延納によっても金銭で納付することが困難な範囲に限ります。)

別紙「金銭納付を困難とする理由書」のとおり。

3　物納に充てようとする財産

別紙目録のとおり。

4　物納財産の順位によらない場合等の事由

別紙「物納劣後財産等を物納に充てる理由書」のとおり。

※　該当がない場合は、二重線で抹消してください。

5　その他参考事項

右の欄の該当の箇所を○で囲み住所氏名及び年月日を記入してください。	被相続人、遺贈者	(住所)	
		(氏名)	
	相続開始　遺贈年月日		令和　年　月　日
	申告(期限内、期限後、修正)、更正、決定年月日		令和　年　月　日
	納期限		令和　年　月　日
納税地の指定を受けた場合のその指定された納税地			
物納申請の却下に係る再申請である場合は、当該却下に係る「相続税物納却下通知書」の日付及び番号			第　号 令和　年　月　日
物納申請財産が非上場株式である場合は、非上場株式に係る法人の物納許可申請の日前2年間に終了した事業年度の法人税申告書の提出先及び提出日			①　税務署 令和　年　月　日 ②　税務署 令和　年　月　日

(作成税理士 事務所所在地 電話番号 署名)

税務署整理欄	郵送等年月日	担当者印
	令和　年　月　日	

2. 登録美術品による相続税の物納の特例措置

(1) 登録美術品制度とは

登録美術品制度とは、重要文化財、国宝その他の世界的に優れた美術品を国が登録し、美術館において公開することにより、国民が優れた美術品を鑑賞する機会を拡大することを目的とした制度です。具体的には、美術品の所有者からの申請と専門家の意見に基づき文化庁長官が登録の可否を決定します。登録された美術品（登録美術品）は、所有者と公開する美術館（契約美術館）の設置者との間で結ばれる公開契約に基づき、美術館で５年以上の期間にわたって計画的に公開・管理されることになります。

「美術品の美術館における公開の促進に関する法律」（平成10年法律第99号）が平成10年に成立し、登録美術品制度が発足しましたが、これまでに83件（9,237点）（令和２年９月末現在）の美術品が登録されています。中には、クロード・モネやウジェーヌ・ドラクロワなどの西洋絵画も含まれています。

(2) 登録美術品登録基準

本制度において、登録される美術品は、多くの人がその鑑賞の機会を切望しているような貴重な作品で、以下のいずれかに該当するものであり、かつ、その美術品に係る登録美術品公開契約が確実に締結される見込みがあると認められるものになります（公開法３②)。

１．我が国の重要文化財や国宝に指定されている作品
２．世界文化の見地から歴史上、芸術上または学術上特に優れた価値を有する作品

具体的な登録基準は、「登録美術品登録基準」に、次のように定められています（登録基準２②）。

絵　画	次のいずれかに該当するものであること。 イ　制作が優秀なもの ロ　絵画史上とくに意義があるもの
彫　刻	次のいずれかに該当するものであること。 イ　制作が優秀なもの ロ　彫刻史上とくに意義があるもの
工芸品	次のいずれかに該当するものであること。 イ　制作が優秀なもの ロ　工芸史上とくに意義があるもの
文字資料	次のいずれかに該当するものであること。 イ　制作が優秀なもの ロ　文化史上とくに意義があるもの
考古資料	出土品であって、学術上とくに意義があるもの
歴史資料	歴史上の重要な事象または人物に関する遺品であって、学術上とくに意義があるもの
複合資料	異なる種類の美術品が系統的または統一的にまとまって存在することにより、とくに意義があるもの
その他	次のいずれかに該当するものであること。 イ　制作が優秀なもの ロ　当該種類を対象とする美術史上とくに意義があるもの

美術品の構造、形式、材質その他の特徴及びその保管に係る技術の開発の状況を勘案し、その公開及び保管に関しとくに注意を要すると文化庁長官が認めるものについては、上記の登録基準のほかに、美術品を適切に公開及び保管をするための環境その他の文化庁長官が定める要件を備える美術館と登録美術品公開契約が締結される見込みがあることを要件としています（登録基準２③）。

令和２年度の税制改正大綱において、登録美術品の範囲に「制作者が生存中である美術品のうち一定のもの」を追加することとされたことを踏まえ、令和３年４月１日の登録基準の改正により、登録対象が拡大し、制作者が生存中である美術品のうち一定のものが加わりました。制作者が生存中である美術品については、客観的な審査を担保する観点から、上記の要件に加え、下記すべての要件を満たす必要があります（登録基準２④）。

1．制作後、原則として10年を経過したもの 2．文化庁長官が定める美術館が開催する展覧会（公募により行われるものを除きます）において複数回公開されたことがあるもの

(3) 登録美術品による相続税の物納の特例措置

1.の物納制度の原則に従うと、美術品は第３順位の動産に含まれることになります。しかし、特定登録美術品（公開法２条３号に規定する登録美術品で相続開始の時において既に登録を受けているものをいいます）については、物納の優先順位が不動産等と同等の第１順位となり、登録美術品で物納することが容易となります（措法70の12①）。

登録美術品について物納の許可を申請しようとする者（つまり相続人等）は、物納に充てようとする特定登録美術品の種類及び価額その他その特定登録美術品に関する事項を記載した書類その他の一定の書類を添付して、これを納税地の所轄税務署長に提出しなければなりません（措法70の12②）。なお、文化庁長官は、登録美術品の所有者について相続が発生した場合には、相続によりその登録美術品を取得した個人からの申請によりその登録美術品の価格の評価をし、その結果を通知します（美術品の美術館における公開の促進に関する法律施行規則（平成10年文部省令第43号）16、17）。登録美術品について物納の許可を申請しようとする者は、その入手した評価価格通知書の写しを所轄税務署長に提出することになります。

【参　考】価格評価申請書

様式第１６号（第１６条関係）（用紙の大きさは，日本産業規格Ａ４とする。）

価　格　評　価　申　請　書

下記の登録美術品について，美術品の美術館における公開の促進に関する法律施行規則第１６条の価格の評価を申請します。

年　　月　　日

文化庁長官　殿

申　請　者　氏　　　名

住　　　所　〒

電　話　番　号　（　　　）　　　－

ﾌｧｸｼﾐﾘ番号　（　　　）　　　－

記

登録美術品の名称			
制作者の氏名			
員　　　数		種　類	
登録年月日	年　　月　　日	登録番号	第　　　　　　号
登録美術品の所在の場所	（契約美術館名） （所　在　地）		
相続又は遺贈があった年月日	年　　月　　日		

［添付書類］
当該申請に係る登録美術品の登録通知書の写し

［備考］
原則として，上記登録美術品に係る相続又は遺贈があった年月日現在の価格の評価となること。

【参　考】評価価格通知書

様式第１７号（第１７条関係）（用紙の大きさは，日本産業規格Ａ４とする。）

文 書 番 号
年　　月　　日

殿

文化庁長官　　　　　　　　　　印

評 価 価 格 通 知 書

　　年　　月　　日付けで価格評価申請書が提出された下記１の登録美術品については，下記２のとおり評価しましたので，美術品の美術館における公開の促進に関する法律施行規則第１７条の規定により，通知します。

記

１．登録美術品

登録美術品の名称			
制 作 者 の 氏 名			
員　　　数		種　類	
登 録 年 月 日	年　　月　　日	登録番号	第　　　　　　号
登録美術品の所在の場所	（契約美術館名） （所　在　地）		

２．評価した価格等

評 価 の 時 点	年　　月　　日
評 価 し た 価 格	円

Q5 特定の美術品についての相続税の納税猶予及び免除制度の概要

Q 特定の美術品についての相続税の納税猶予及び免除制度の概要を教えてください。

A 寄託先美術館の設置者と特定美術品の寄託契約を締結し、認定保存活用計画に基づきその特定美術品を寄託先美術館の設置者に寄託していた者（被相続人）から相続または遺贈によりその特定美術品を取得した相続人が、その特定美術品の寄託先美術館の設置者への寄託を継続する場合には、寄託相続人が納付すべき相続税の額のうち、特定美術品に係る課税価格の80%に対応する相続税の納税が相当の担保を提供した場合に限り猶予され、寄託相続人の死亡等により、納税が猶予されている相続税の納付が免除されます。

1. 制度の概要

「平成30年度税制改正においては、美術品・文化財の次世代への確実な継承と美術館等のコンテンツ充実による観光拠点やインバウンドの促進を実現し、あわせて、美術品・文化財の海外流出や散逸を防ぎ、その計画的な保存・活用を促進することを目的として、重要文化財及び世界文化の見地から特に優れた登録有形文化財を対象に、保存活用計画の認定を受けて美術館に寄託している間にその所有者が死亡した場合には、その相続人の相続税について、その相続人が寄託を継続すること等を条件に、その納税を猶予する仕組みが創設されました。」（出典：財務省「平成30年税制改正の解説」）

具体的には、寄託先美術館の設置者と特定美術品の寄託契約を締結し、認定保存活用計画に基づきその特定美術品を寄託先美術館の設置者に寄託していた者（被相続人）から相続または遺贈によりその特定美術品を取得した相続人（以下、「寄託相続人」といいます）が、その特定美術品の寄託先美術館の設置者への寄託を継続する場合には、寄託相続人が納付すべき相続税の額のうち、特定美術品に

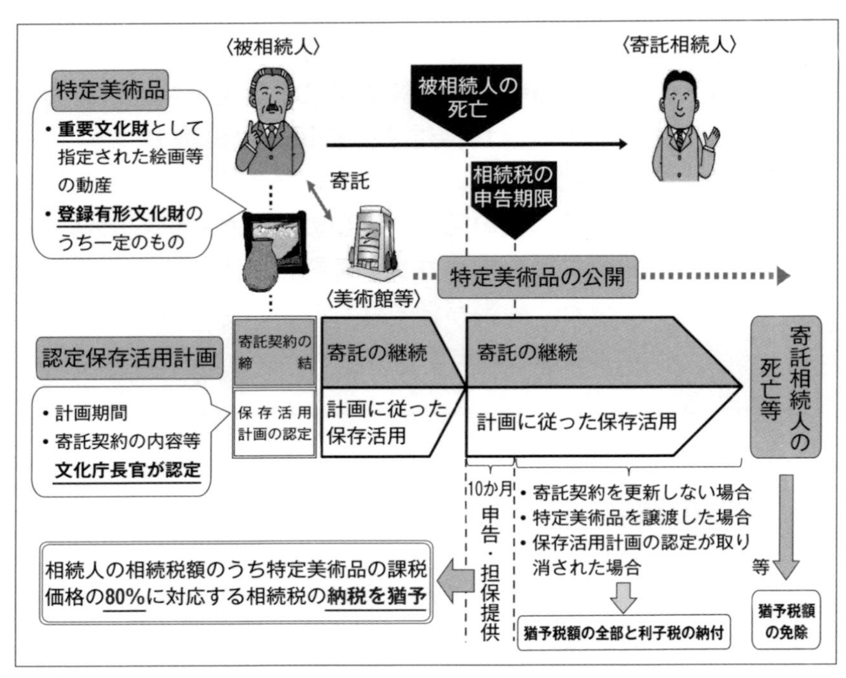

出典：国税庁「特定の美術品についての相続税の納税猶予及び免除のあらまし」

係る課税価格の80％に対応する相続税の納税が当該相続税の申告書の提出期限までに相当の担保を提供した場合に限り猶予され、寄託相続人の死亡等により、納税が猶予されている相続税の納付が免除されます（措法70の６の７①、⑭）。

2. 用語の定義

(1) 特定美術品

特定美術品とは、認定保存活用計画に記載された次に掲げるものをいいます（措法70の６の７②一）。いずれも動産に限られ、不動産は対象となりません。

イ．文化財保護法27条１項の規定により「重要文化財」として指定された絵画、彫刻、工芸品その他の有形の文化的所産である動産 ロ．文化財保護法58条１項に規定する「登録有形文化財」（建造物であるものを除きます）のうち世界文化の見地から歴史上、芸術上または学術上特に優れた価値を有するもの（※）

なお、相続開始前３年以内に贈与により取得した美術品や、相続時精算課税の適用を受ける美術品は、特定美術品に含まれません（措通70の６の７－１）。遺産の分割にあたり、遺産の代償として取得した他の共同相続人の所有に属する美術品は、特定美術品に該当しません（措通70の６の７－２）。

（※）登録有形文化財登録基準（平成８年８月30日文部省告示第152号　改正　平成17年３月28日文部科学省告示第44号）には次のように規定されています。

建築物、土木構造物及びその他の工作物（重要文化財及び文化財保護法第182条第２項に規定する指定を地方公共団体が行っているものを除く。）のうち、原則として建設後50年を経過し、かつ、次の各号の一に該当するもの

⑴　国土の歴史的景観に寄与しているもの

⑵　造形の規範となっているもの

⑶　再現することが容易でないもの

登録有形文化財登録基準では、現代美術品に該当する財の類型は含まれていないため、令和３年度税制改正大綱に「登録有形文化財登録基準の改正を前提に、適用対象となる特定美術品の範囲に製作後50年を経過していない美術品のうち一定のものを加える」と記載

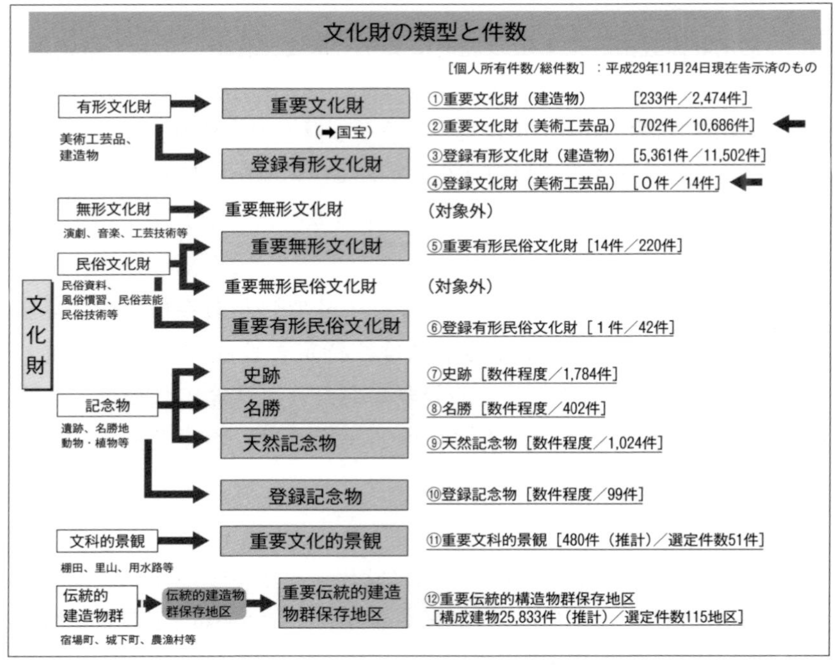

出典：『DHC　コンメンタール相続税法』租税特別措置法第70条の６の７注釈Ⅰ１（5181の32頁、第一法規）

されています。

平成29年11月24日現在告示済のものを見ると、上記イに該当するものは１万686件あり、そのうち個人所有は702件です。一方で、ロに該当するものは14件あり、そのうち個人所有は０件です。

⑵ 寄託先美術館

寄託先美術館とは、博物館法２条１項に規定する博物館（いわゆる登録博物館のこと）または同法29条の規定により博物館に相当する施設として指定された施設（いわゆる博物館相当施設のこと）のうち、特定美術品の公開（公衆の観覧に供することをいいます）及び保管を行うものをいいます（措法70の６の７②五)。登録博物館の例として上野の森美術館が該当し、博物館相当施設の例として、世田谷美術館が該当します。

⑶ 寄託契約

寄託契約とは、特定美術品の所有者と寄託先美術館の設置者との間で締結された特定美術品の寄託に関する契約で、契約期間その他一定の事項の記載があるものをいいます（措法70の６の７②二)。具体的には、特定美術品を適切に公開する旨の定めや所有者が解約の申入れをすることができない旨の定めの記載があることが求められます（措規23の８の７②)。

⑷ 認定保存活用計画

認定保存活用計画とは、次に掲げるものをいいます（措法70の６の７②三)。

イ．文化財保護法に規定する認定重要文化財保存活用計画
ロ．文化財保護法に規定する認定登録有形文化財保存活用計画

いずれの計画にも所有者は、下記事項を記載し、その計画について文化庁長官の認定を申請することになります（文保法53の２、67の２、重要文化財保存活用計画等の認定等に関する省令３④、11③）。

> ➢ 美術品の公開及び保管の計画に関する事項
> ➢ 美術品の公開を目的とする寄託契約の契約期間
> ➢ 美術品の公開を目的とする寄託契約を締結した寄託先美術館の設置者の氏名または名称並びに当該寄託先美術館の名称及び所在地

3. 未分割の場合の不適用

相続税の申告書の提出期限までに、相続または遺贈により取得をした特定美術品が共同相続人または包括受遺者によってまだ分割されていない場合には、その分割されていない特定美術品について相続税の納税猶予の適用を受けることはできません（措法70の６の７⑦）。

Q6 特定の美術品についての相続税の納税猶予制度において猶予される税額の計算

Q 特定の美術品についての相続税の納税猶予制度において猶予される税額の計算方法を教えてください。

A 寄託相続人が取得した財産が特定美術品のみであるとみなして計算した寄託相続人の相続税から、寄託相続人が取得した財産が特定美術品の20%のみであるとみなして計算した寄託相続人の相続税を控除した残額が猶予される相続税となります。

1. 納税猶予分の相続税の計算の概要

納税猶予分の相続税の計算は、223ページの図表1に示す手順により計算します（措法70の６の７②六、措令40の７の７④～⑦）。

STEP 1	課税価格の合計額に基づいて計算した相続税の総額のうち、寄託相続人の課税価格に対応する相続税を計算します（通常の相続税額の計算）。
STEP 2	特定美術品の価額（相続税法13条の規定により控除すべき債務がある場合において、控除未済債務額（※）があるときは、当該特定美術品の価額から当該控除未済債務額を控除した残額。以下、「特定価額」といいます）を寄託相続人に係る相続税の課税価格とみなして、相続税法13条から19条までの規定等を適用して寄託相続人の相続税を計算します。
STEP 3	特定価額に100分の20を乗じて計算した金額を寄託相続人に係る相続税の課税価格とみなして、相続税法13条から19条までの規定等を適用して寄託相続人の相続税を計算します。
STEP 4	STEP 2からSTEP 3を控除した残額が納税猶予分の相続税になります。百円未満の端数があるとき、またはその全額が百円未満であるときは、その端数金額またはその全額を切り捨てます。STEP 1で計算した寄託相続人の相続税から納税猶予分の相続税を控除した残額が、寄託相続人が納付する相続税となります。

（※）　控除未済債務額とは、次の租税特別措置法施行令40条の７の７第５項１号に掲げる金額から２号に掲げる金額を控除した金額（当該金額がマイナスの場合には、零とします）をいいます。

一　相続税法第13条の規定により控除すべき寄託相続人の負担に属する部分の金額

二　寄託相続人が相続又は遺贈により取得した財産の価額から特定美術品の価額を控除した残額

【図表１：納税猶予分の相続税の計算の手順】

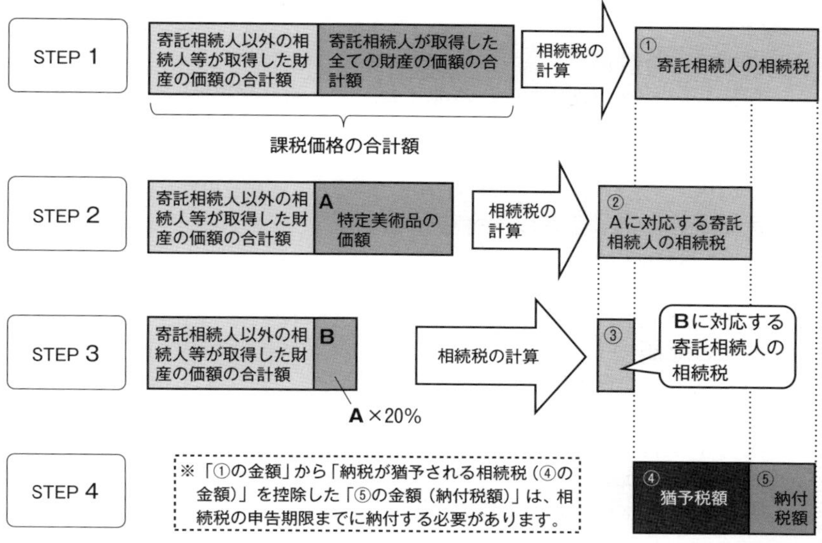

出典：国税庁「特定の美術品についての相続税の納税猶予及び免除のあらまし」を一部修正

2. 納税猶予分の相続税額の計算例

【事　例】

亡父の財産は、重要文化財として指定された絵画（時価３億円）とその他の財産２億円でした。相続人は長男甲と次男乙の２人です。分割協議によって、絵画は長男甲が、それ以外の財産は長男甲と次男乙が１億円ずつ取得することになりました。亡父は、生前に美術館とその絵画の寄託契約を締結し、認定保存活用計画に基づきその絵画を美術館に寄託していました。長男甲（寄託相続人）はその絵画について、美術館への寄託を継続するつもりです。その場合、長男甲が猶予される相続税の金額と納付する相続税の金額はいくらになりますか？

STEP 1

課税価格の合計額

長男甲（絵画３億円＋その他１億円）＋次男乙（その他１億円）＝５億円

課税遺産総額

５億円－（3,000万円＋600万円×２人）＝４億5,800万円

法定相続分に応じる各取得金額

４億5,800万円×１／２＝２億2,900万円

相続人ごとの算出税額

２億2,900万円×45％－2,700万円＝7,605万円

相続税の総額

7,605万円＋7,605万円＝１億5,210万円

長男甲（寄託相続人）の相続税額の計算

長男甲（寄託相続人）　按分割合：（絵画３億円＋その他１億円）÷５億円＝0.8

１億5,210万円×0.8＝１億2,168万円

STEP 2

課税価格の合計額

長男甲（絵画３億円）＋次男乙（その他１億円）＝４億円

課税遺産総額

４億円－（3,000万円＋600万円×２人）＝３億5,800万円

法定相続分に応じる各取得金額

３億5,800万円×１／２＝１億7,900万円

相続人ごとの算出税額

１億7,900万円×40％－1,700万円＝5,460万円

相続税の総額

5,460万円＋5,460万円＝１億920万円

長男甲（寄託相続人）の相続税額の計算

長男甲（寄託相続人）　按分割合：（絵画３億円）÷４億円＝0.75

１億920万円×0.75＝8,190万円

STEP 3

課税価格の合計額

長男甲（絵画３億円×20％）＋次男乙（その他１億円）＝１億6,000万円

課税遺産総額

１億6,000万円－（3,000万円＋600万円×２人）＝１億1,800万円

法定相続分に応じる各取得金額

１億1,800万円×１／２＝5,900万円

相続人ごとの算出税額

5,900万円×30％－700万円＝1,070万円

相続税の総額

1,070万円＋1,070万円＝2,140万円

長男甲（寄託相続人）の相続税額の計算

長男甲（寄託相続人）　按分割合：（絵画３億円×20％）÷１億6,000万円＝0.375

2,140万円×0.375＝802万5,000円

STEP４

長男甲（寄託相続人）の納税猶予分の相続税

8,190万円（STEP２）－802万5,000円（STEP３）＝7,387万5,000円

長男甲（寄託相続人）が納付する相続税

１億2,168万円（STEP１）－7,387万5,000円＝4,780万5,000円

3. 特定美術品が２つ以上ある場合の納税猶予分の相続税の計算

納税猶予の適用を受ける特定美術品が２つ以上ある場合における納税猶予分の相続税額の計算においては、特定美術品に係る寄託相続人が被相続人から相続または遺贈により取得したすべての特定美術品の価額の合計額（控除未済債務額があるときは、特定美術品の価額の合計額から控除未済債務額を控除した残額）を寄託相続人に係る相続税の課税価格とみなします（措令40の７の７⑧）。この場合において、特定美術品ごとの納税猶予分の相続税額は、納税猶予分の相続税額に特定美術品ごとの価額がすべての特定美術品の価額の合計額に占める割合を乗じて計算し、計算した金額に100円未満の端数があるときは、その端数金額を切り捨てます（措令40の７の７⑨、措通70の６の７－８））。

4. 他の納税猶予制度との調整

特定美術品についての相続税の納税猶予の適用を受ける寄託相続人が、次に掲げる納税猶予制度の適用を受ける者である場合において、次に定める税額と調整前美術品猶予税額（措令40の７⑯二に規定する調整前美術品猶予税額をいう）との合計額が猶予可能税額（寄託相続人が特定の美術品についての相続税の納税猶予制度及び次の納税猶予制度の適用を受けないものとした場合における寄託相続人が納付すべき相続税の額をいう）を超えるときにおける特定美術品に係る納税猶予分の相続税額は、猶予可能税額に調整前美術品猶予税額がその合計額に占める割合を乗じて計算し、計算した金額に100円未満の端数があるときは、その端数金額を切り捨てます（措令40の７の７⑪）。

1．農地等についての相続税の納税猶予制度（措法70の６①） 調整前農地等猶予税額（措令40の７⑯に規定する調整前農地等猶予税額をいいます）

2．山林についての相続税の納税猶予制度（措法70の６の６①） 調整前山林猶予税額（措令40の７⑯一に規定する調整前山林猶予税額をいいます）

3．個人の事業用資産についての相続税の納税猶予制度（措法70の６の10①） 調整前事業用資産猶予税額（措令40の７⑯三に規定する調整前事業用資産猶予税額をいいます）

4．非上場株式等についての相続税の納税猶予制度等（措法70の７の２①、70の７の４①、70の７の６①、70の７の８①） 調整前株式等猶予税額（措令40の７⑯四に規定する調整前株式等猶予税額をいいます）

5．医療法人の持分についての相続税の納税猶予制度（措法70の７の12①） 調整前持分猶予税額（措令40の７⑯五に規定する調整前持分猶予税額をいいます）

Q7 特定の美術品についての相続税の納税猶予制度の手続き

特定の美術品についての相続税の納税猶予制度の手続きを教えてください。

生前・相続開始から相続税の申告期限まで・納税猶予期間中に分けて、様々な手続きを行うことで、特定の美術品についての相続税の納税が猶予されます。

1. 手続きの概要

手続きの概要は、次のとおりです。

時　期	手続きの概要
生前 （相続開始前）	➢ 被相続人は、所有する重要文化財または登録有形文化財の美術品について寄託先美術館の設置者と寄託契約を締結し、寄託する。 ➢ 被相続人は、文化財保護法の規定に基づき保存活用計画に係る文化庁長官の認定を受ける。
	➢ 寄託相続人は、認定保存活用計画に関する手続きとして、重要文化財については「計画の変更の認定申請」を、登録有形文化財については「新たな計画の認定申請」を、文化庁長官に行う。

相続開始から 相続税の申告期限まで	➢ 登録美術品の価格評価の申請を文化庁長官に行う。 ➢ 相続税の申告期限までに、特定の美術品についての相続税の納税猶予制度の適用を受ける旨を記載した相続税の申告書及び一定の書類を税務署に提出する。 ➢ 納税が猶予される相続税額及び利子税に見合う担保を提供する。
納税猶予期間中	➢ 寄託相続人は、寄託先美術館へ特定美術品の寄託を継続する。 ➢ 特定の美術品についての相続税の納税猶予制度の適用を引き続き受けるために、寄託相続人は「継続届出書」を相続税の申告書の提出期限から3年を経過するごとの日までに、税務署に提出する。

2. 生前（相続開始前）

被相続人は、所有する重要文化財または登録有形文化財の美術品について寄託先美術館の設置者と寄託契約を締結し、寄託します（特定美術品・寄託先美術館・寄託契約の定義については、Q5 を参照のこと）。

さらに、被相続人は、文化財保護法の規定に基づき保存活用計画に係る文化庁長官の認定を受けます（保存活用計画の定義については、Q5 を参照のこと）。

【参　考】美術品が重要文化財の場合の保存活用計画に係る認定申請書

別記様式第１号（第１条第１項関係）

重要文化財保存活用計画に係る認定申請書

年　　月　　日

文化庁長官　殿

申請者
住　　　所
氏名又は名称　　　　　　　　　　印

文化財保護法第53条の２第１項（同法第174条の２第１項において準用する場合を含む。）の規定に基づき，別紙の計画について認定を申請します。

（備考）
1　申請者が法人である場合については，「氏名又は名称」に「名称及び代表者の氏名」を記載すること。
2　用紙の大きさは，日本工業規格Ａ４とすること。

3. 相続開始から相続税の申告期限まで

(1) 認定保存活用計画の変更または申請

相続が発生することによって、重要文化財または登録有形文化財の所有者が被相続人から相続人等に変更になるため、相続人等は、認定保存活用計画に関する手続きとして、重要文化財については「計画の変更の認定申請」を、登録有形文化財については「新たな計画の認定申請」を、文化庁長官に対して行います（文保法53の３、67の２、重要文化財保存活用計画等の認定等に関する省令６①一、11③）

(2) 価格評価

相続人等は重要文化財または登録有形文化財の価格評価の申請を文化庁長官に対して相続開始後８カ月以内に行わなければなりません（重要文化財保存活用計画等の認定等に関する省令５②、13②）。文化庁長官は、申請をした相続人等に対して、価格の評価の結果を、評価価格通知書により通知します（同省令５⑤、13⑤）。

【参　考】重要文化財の場合の価格評価申請書

別記様式第２号（第５条第２項関係）

重要文化財に係る価格評価申請書

年　　月　　日

文化庁長官　殿

申請者
住所
氏名　　　　　　　　　　　　　　　　　　印

　　　　年　　月　　日付け　　　第　　　号で認定を受けた重要文化財保存活用計画に記載された下記の重要文化財について，重要文化財保存活用計画等の認定等に関する省令第５条第２項の価格の評価を申請します。

記

1　重要文化財の名称

2　制作者の氏名

3　員数

4　指定年月日及び指定書の記号番号

5　重要文化財の所在の場所
（寄託先美術館名）
（所在地）

6　相続又は遺贈があった年月日

（備考）
1　用紙の大きさは，日本工業規格Ａ４とすること。
2　原則として，当該重要文化財に係る相続又は遺贈があった年月日現在の価格の評価となる。

【参　考】重要文化財の場合の価格評価通知書

別記様式第３号（第５条第５項関係）

重要文化財に係る評価価格通知書

年　　月　　日

殿

文化庁長官　　　　　　　印

年　　月　　日付けで価格評価申請書が提出された下記１の重要文化財については，下記２のとおり評価しましたので，重要文化財保存活用計画等の認定等に関する省令第５条第５項の規定により，通知します。

記

１　重要文化財
・重要文化財の名称

・制作者の氏名

・員数

・指定年月日及び指定書の記号番号

・重要文化財の所在の場所
（寄託先美術館名）
（所在地）

２　評価した価格等
評価した時点　　　　　年　　月　　日
評価した価格　　　　　　　　　　円

⑶　相続税の申告書の提出

相続人は、相続税の申告期限までに、特定の美術品についての相続税の納税猶予制度の適用を受ける旨を記載した相続税の申告書及び一定の書類を税務署に提出する必要があります（措法70の６の７①、⑧、措規23の８の７⑪）。一定の書類とは、次ページのものを指します。

No.	書類の内容
1	次に掲げる事項を記載した書類 イ．特定美術品の寄託していた者（以下、「被相続人」といいます）の死亡による相続の開始があったことを知った日 ロ．特定美術品の明細 ハ．特定美術品の寄託を受けている寄託先美術館の名称及び所在地 ニ．その他参考となるべき事項
2	特定美術品の評価価格通知書の写し
3	納税猶予分の相続税額の計算に関する明細を記載した書類（【参考】参照）
4	次に掲げる日において現に効力を有する認定保存活用計画に係る計画書の写し及びその認定保存活用計画に係る認定に係る通知の写し イ．被相続人の相続の開始の日 ロ．相続税の申告書の提出期限
5	次に掲げる日において被相続人または寄託相続人が寄託先美術館の設置者に特定美術品を寄託していたことを明らかにする書類 イ．被相続人の相続の開始の日 ロ．相続税の申告書の提出期限
6	遺言書の写し、財産の分割の協議に関する書類（当該書類に当該財産に係るすべての共同相続人及び包括受遺者が自署し、自己の印を押しているものに限ります）の写し（当該自己の印に係る印鑑証明書が添付されているものに限ります）その他の財産の取得の状況を証する書類
7	租税特別措置法施行令40条の７の７第２項に規定する場合に該当する場合には、その旨を記載した書類及び同項の被相続人が文化庁長官に提出した同項の認定に係る申請書の写し
8	租税特別措置法施行令40条の７の７第３項に規定する場合に該当する場合には、その旨及び同項に規定する場合に該当することとなった事情の詳細を記載した書類並びに４項または６項に規定する書類
9	その他参考となるべき書類

【参　考】美術品納税猶予税額の計算書（第８の５表）

美術品納税猶予税額の計算書

被相続人	
寄託相続人	

第８の５表（平成31年４月分以降用）

この計算書は、寄託相続人に該当する人が特定の美術品についての納税猶予税額（美術品納税猶予税額）を算出するために使用します。

私は、第８の５表の付表の「２　特定美術品の明細」に記載した特定美術品について租税特別措置法第70条の６の７第１項に規定する特定の美術品についての相続税の納税猶予及び免除の適用を受けます。

１　美術品納税猶予税額の基となる相続税の総額の計算

(1)　「特定価額に基づく課税遺産総額」等の計算

①　寄託相続人の第８の５表の付表のＡ欄の金額（第８の５表の付表が２以上ある場合は、その合計額）	円
②　寄託相続人に係る債務及び葬式費用の金額（第１表のその人の③欄の金額）	
③　寄託相続人が相続又は遺贈により取得した財産の価額（寄託相続人の第１表の（①＋②）（又は第３表の①欄）の金額	
④　控除未済債務額（①＋②－③）の金額（**赤字の場合は０**）	
⑤　特定価額（①－④）（**1,000円未満切捨て**）（**赤字の場合は０**）	,000
⑥　特定価額の20％に相当する金額（⑤×20％）（**1,000円未満切捨て**）	,000
⑦　寄託相続人以外の相続人等の課税価格の合計額（寄託相続人以外の者の第１表⑥欄（又は第３表の⑥欄）の金額の合計）	,000
⑧　基礎控除額（第２表の㋥欄の金額）	,000,000
⑨　特定価額に基づく課税遺産総額（⑤＋⑦－⑧）	,000
⑩　特定価額の20％に相当する金額に基づく課税遺産総額（⑥＋⑦－⑧）	,000

(2)　「特定価額に基づく相続税の総額」等の計算

⑪ 法定相続人の氏名	⑫ 法定相続分	特定価額に基づく相続税の総額の計算		特定価額の20％に相当する金額に基づく相続税の総額の計算	
		⑬法定相続分に応ずる取得金額（⑨×⑫）	⑭相続税の総額の基礎となる税額（第２表の「速算表」で計算します。）	⑮法定相続分に応ずる取得金額（⑩×⑫）	⑯相続税の総額の基礎となる税額（第２表の「速算表」で計算します。）
		円 ,000	円	円 ,000	円
		,000		,000	
		,000		,000	
		,000		,000	
		,000		,000	
		,000		,000	
		,000		,000	
		,000		,000	
法定相続分の合計	1	⑰相続税の総額（⑭の合計額）	00	⑱相続税の総額（⑯の合計額）	00

（注）１　③欄の「第１表の（①＋②）」の金額は、寄託相続人が租税特別措置法第70条の６第１項の規定による農地等についての納税猶予及び免除等の適用を受ける場合は、「第３表の①欄」の金額となります。また、⑦欄の「第１表の⑥欄」の金額は、相続又は遺贈により財産を取得した人のうちに租税特別措置法第70条の６第１項の規定による農地等について納税猶予及び免除等の適用を受ける人がいる場合は、「第３表の⑥欄」の金額となります。

２　⑪及び⑫欄は第２表の「④法定相続人」の「氏名」欄及び「⑤左の法定相続人に応じた法定相続分」欄からそれぞれ転記します。

２　美術品納税猶予税額の計算

①　（寄託相続人の第１表の（⑱＋⑳－⑫））の金額	円
②　特定価額に基づく寄託相続人の算出税額（１の⑰×１の⑤／１の（⑤＋⑦））	
③　特定価額に基づき相続税額の２割加算が行われる場合の加算金額（②×20％）	
ａ　（②＋③－寄託相続人の第１表の⑫）の金額（**赤字の場合は０**）	
④　特定価額の20％に相当する金額に基づく寄託相続人の算出税額（１の⑱×１の⑥／１の（⑥＋⑦））	
⑤　特定価額の20％に相当する金額に基づき相続税額の２割加算が行われる場合の加算金額（④×20％）	
ｂ　（④＋⑤－寄託相続人の第１表の⑫）の金額（**赤字の場合は０**）	
ｃ　寄託相続人の第１表の⑥欄に基づく算出税額（その人の第１表の（⑨（又は⑩）＋⑪－⑫））（**赤字の場合は０**）	
⑥　（①＋ａ－ｂ－ｃ）の金額（**赤字の場合は０**）	
⑦　（ａ－ｂ－⑥）の金額（**赤字の場合は０**）	
⑧　特定美術品が２以上ある場合の特定美術品ごとの美術品納税猶予税額（注２参照）	
イ　(特定美術品の名称)＿＿＿＿に係る美術品納税猶予税額（⑦×イの特定美術品に係る価額／１の①）（**100円未満切捨て**）	00
ロ　(特定美術品の名称)＿＿＿＿に係る美術品納税猶予税額（⑦×ロの特定美術品に係る価額／１の①）（**100円未満切捨て**）	00
ハ　(特定美術品の名称)＿＿＿＿に係る美術品納税猶予税額（⑦×ハの特定美術品に係る価額／１の①）（**100円未満切捨て**）	00
⑨　**美術品納税猶予税額**（⑦の金額（**100円未満切捨て**）（又は⑧の金額の合計額））（注３参照）	Ａ　00

（注）１　ｃ欄の算式中の「第１表の⑨」の金額について、相続又は遺贈により財産を取得した人のうちに租税特別措置法第70条の６第１項の規定による農地等についての納税猶予及び免除等の適用を受ける人がいる場合は、「第１表の⑩」の金額とします。

２　⑧欄について、特定美術品が１のみの場合は、⑧欄の記入は行わず、⑦欄の金額を⑨欄に記入します（**100円未満切捨て**）。なお、イからハまでの各欄の算式中の「特定美術品に係る価額」とは第８の５表の付表の「２　特定美術品の明細」のＡ欄の金額をいいます。また、特定美術品が４以上ある場合は、適宜の用紙に特定美術品ごとの特定美術品に係る美術品納税猶予税額を記載し添付してください。

３　⑨欄のＡ欄の金額を寄託相続人の第８の８表の「美術品納税猶予税額⑤」欄に転記します。なお、寄託相続人が他の相続税の納税猶予等の適用を受ける場合は、⑨欄のＡ欄の金額によらず、第８の７表の㉓欄の金額を寄託相続人の第８の８表の「美術品納税猶予税額⑤」欄に転記します。

※税務署整理欄	入力		確認			

第８の５表（令２.７）　（資４－20－９－18－Ａ４統一）

【参　考】特定の美術品についての納税猶予の適用を受ける特定美術品の明細書（第８の５表の付表）

第8の5表の付表（平成31年4月分以降用）

特定の美術品についての納税猶予の適用を受ける特定美術品の明細書

被相続人	
寄託相続人	

この明細書は、特定の美術品についての納税猶予及び免除の適用を受ける特定美術品について、その明細等を記入します。

1　相続の開始があったことを知った日（通常は相続開始の日と同じ日になります。）	年　　月　　日

2　特定美術品の明細

この欄は、寄託相続人が相続又は遺贈により取得した特定美術品の明細を記入します。

①　特定美術品の名称		②　員　数	
③　種　類	重要文化財　・　登録有形文化財		
④　指定・登録年月日等	指定・登録年月日	年　　月　　日	
	記号・登録番号		
⑤　通知された評価価格	A　　円	（この金額を第８の５表の１⑴①欄に転記します。）	

（注）１　③欄については、いずれか該当するものを丸で囲んでください。
２　④欄には、文化財保護法第27条第１項の規定により重要文化財と指定された年月日及び指定書の記号番号又は同法第58条第１項の規定により登録有形文化財として登録された年月日及び登録番号を記載してください。
３　⑤欄には、文化庁長官により通知される「重要文化財（登録有形文化財）に係る評価価格通知書」に記載されている「評価した価格」を記載してください。

3　寄託先美術館に関する事項

①　名　称		
②　所在地		
③　契約期間	自：　　年　　月　　日	至：令和　　年　　月　　日

（注）　③欄の「契約期間」欄には、特定美術品の所有者と寄託先美術館の設置者との間で締結された特定美術品の寄託に関する契約の契約期間を記載してください。

4　認定保存活用計画の認定状況等

相続開始の日において、現に効力を有する認定保存活用計画に関する事項

①　認定年月日	年　月　日	②　認定番号	
③　計画期間	自：　　年　　月　　日	至：令和　　年　　月　　日	

相続税の申告書の提出期限において、現に効力を有する認定保存活用計画に関する事項

①　認定年月日	年　月　日	②　認定番号	
③　計画期間	自：　　年　　月　　日	至：令和　　年　　月　　日	

（注）　「認定保存活用計画」とは、文化財保護法第53条の２第３項第３号に掲げる事項が記載されている同法第53条の６に規定する「認定重要文化財保存活用計画」又は同法第67条の２第３項第２号に掲げる事項が記載されている同法第67条の５に規定する「認定登録有形文化財保存活用計画」をいいます。

5　認定保存活用計画が終了している場合等

次の①又は②に掲げる場合に該当する場合には、該当する□にレ点を付してください。なお、②に掲げる場合に該当するときは、イ又はロのいずれか該当するものに○をし、その事情の詳細についても記載をしてください。

□　①　租税特別措置法施行令第40条の７の７第２項の規定に該当する場合（注1）
□　②　租税特別措置法施行令第40条の７の７第３項の規定に該当する場合（注2）
【　イ　寄託契約の契約期間が終了した場合（注2イ）　・　ロ　寄託先美術館について登録の取消等があった場合（注2ロ）】

事情の詳細 ＿＿＿＿＿＿＿＿＿＿＿＿＿＿＿＿

（注）１　被相続人がこの特例の適用を受けようとする特定美術品に係る認定保存活用計画の計画期間が満了した日以後４か月以内に死亡した場合において、その死亡の日前にその特定美術品に係る新たな認定保存活用計画に係る文化財保護法第53条の２第１項又は第67条の２第１項の規定による認定の申請をし、かつ、同日においてその認定を受けていないときをいいます。
２　この特例の適用に係る相続の開始の日から相続税の申告書の提出期限までの間に次のイ又はロに掲げる場合に該当した場合において、寄託相続人が相続税の申告書の提出期限から１年を経過する日までに新たな寄託先美術館の設置者との間で寄託契約を締結し、かつ、特定美術品を新寄託先美術館の設置者に寄託する見込みであるときをいいます。
イ　特例の適用を受けようとする特定美術品に係る寄託契約の契約期間が寄託先美術館の設置者からの契約の解除又は契約の更新を行わない旨の申出により終了した場合
ロ　特定美術品を寄託された寄託先美術館について、博物館法の規定により登録を取り消された場合又は登録を抹消された場合（寄託先美術館が博物館に相当する施設として指定された施設である場合には、これらに類するものとして一定の事由が生じた場合）

※税務署整理欄	入力		確認			

第８の５表の付表（令２．７）　　（資４－20－９－19－Ａ４統一）

⑷ 担保提供

相続人は、相続税の申告期限までに、納税猶予に係る相続税の本税の額とその本税に係る納税猶予期間中の利子税の額との合計額に相当する担保を提供する必要があります（措法70の６の７①、措通70の６の７－４）。

美術品は国税通則法50条に定める担保の種類（国債、社債、土地等）に含まれないため美術品を担保として提供することはできませんが、例外的に特定の美術品についての相続税の納税猶予制度の適用を受ける特定美術品については担保として提供することができます（措法70の６の７⑥一）。よって、美術品以外の国税通則法50条に定める種類の財産を担保として提供しても構いませんし、納税猶予制度の適用を受ける特定美術品を担保として提供しても構いません。ただし、その美術品については保険を付さなければなりません（措法70の６の７⑥二）。なお、税務署長は、寄託相続人と特定美術品に関する寄託契約を締結している寄託先美術館の設置者にその特定美術品を保管させることができます（措法70の６の７⑥三）。

利子税の額は、相続税の申告書の提出期限における寄託相続人の平均余命年数を納税猶予期間として計算した額とし、平均余命年数は、相続税法施行規則12条の６（定期金給付契約の目的とされた者に係る平均余命）に定める平均余命を用います（措通70の６の７－４）。

4. 納税猶予期間中

特定の美術品についての相続税の納税猶予制度の適用を引き続き受けるために、寄託相続人は、寄託先美術館へ特定美術品の寄託を継続し、かつ「継続届出書」に寄託先美術館の設置者が発行する一定の書類を添付して、相続税の申告書の提出期限から３年を経過することの日までに（つまり、３年に１度）、税務署長に提出する必要があります（措法70の６の７⑨）。なお、寄託相続人が継続届出書を届出期限までに税務署長に提出しない場合には、打切り事由に該当するため、届出期限の翌日から２カ月を経過する日をもって納税の猶予に係る期限となり（打ち切られ）、猶予されている相続税と利子税を納付しなければなりません（措法70の６の７⑪）。詳細は、**Q8** を参照ください。

【参　考】特定美術品についての相続税の納税猶予の継続届出書

特定美術品についての相続税の納税猶予の継続届出書

税務署受付印

＿＿年＿＿月＿＿日

＿＿＿＿＿＿税務署長

〒　－

届出者（寄託相続人）　住　所＿＿＿＿＿＿＿＿

氏　名＿＿＿＿＿＿＿＿

（電話番号　－　－　）

租税特別措置法第70条の6の7第1項の規定による特定美術品についての相続税の納税の猶予を引き続いて受けたいので、同条第9項の規定により関係書類を添付して届け出ます。

1　被相続人等に関する事項

被相続人	住　所		氏　名	
特定美術品を相続（遺贈）により取得した年月日	年　月　日			

2　特定美術品に関する事項

①　名　称		
②　員　数		
③　種　類(注1)	重要文化財　・　登録有形文化財	
④　指定・登録年月日等(注2)	指定・登録年月日	年　月　日
	記号・登録番号	

3　寄託先美術館に関する事項(注3)(注4)

①　名　称	
②　所在地	
③　契約期間	(自)　年　月　日　～　(至)　年　月　日

4　届出期限前3年以内に特定美術品の公開が行われた期間

公開期間	(自)　年　月　日　～　(至)　年　月　日

5　新たな認定保存活用計画の認定状況等(注5)

①　認定年月日	年　月　日
②　認定番号	
③　計画期間	(自)　年　月　日　～　(至)　年　月　日

※　この届出書は、特定美術品ごとに作成してください。
また、この届出に必要な書類については、裏面をご覧ください。

関与税理士		電話番号	

※	通信日付印の年月日	（確　認）	猶予整理簿	検　算	整理簿番号
	年　月　日				

（資12⑤－17－A4統一）（令3.3）

Q8 特定の美術品についての納税が猶予されている相続税の打切りと免除

Q 特定の美術品について納税が猶予されている相続税の打切りと免除について教えてください。

A 特定の美術品について納税が猶予されている相続税は、その美術品を譲渡した場合等の打切り事由に該当した場合には、猶予されている相続税と利子税を納付しなければなりません。一方で、寄託相続人が死亡した場合等の免除事由に該当した場合には、猶予されている相続税は免除されます。

1. 納税が猶予されている相続税の打切り事由

相続税の納税が猶予されていても、次のいずれかの打切り事由に該当することとなった場合には、各起算日から２カ月を経過する日（各起算日から２カ月を経過する日までの間に寄託相続人が死亡した場合には、当該寄託相続人の相続人（包括受遺者を含みます）が当該寄託相続人の死亡による相続の開始があったことを知った日の翌日から６カ月を経過する日）をもって納税の猶予に係る期限となり（打ち切られ）、猶予されている相続税と利子税を納付しなければなりません（措法70の６の７③、⑪）。この場合、納付すべき相続税について延納制度または物納制度を適用することはできません（措法70の６の７⑬四）。

No.	打切り事由	起算日
1	寄託相続人が特定美術品を譲渡した場合（特定美術品を寄託先美術館の設置者に贈与した場合を除く）	特定美術品の譲渡があったことについての文化庁長官からの通知（※）を当該寄託相続人の納税地の所轄税務署長が受けた日
2	特定美術品が滅失（一定の災害による滅失を除く）をし、または寄託先美術館において亡失し、若しくは盗み取られた場合	これらの事由が生じたことについての文化庁長官からの通知（※）を当該寄託相続人の納税地の所轄税務署長が受けた日
3	特定美術品に係る寄託契約の契約期間が終了をした場合	その終了の日
4	特定美術品に係る認定保存活用計画の認定が取り消された場合（登録有形文化財である特定美術品が重要文化財に指定されたことで登録有形文化財の登録が抹消されたことに伴い認定登録有形文化財保存活用計画の認定が取り消される前に重要文化財保存活用計画の認定を受けている場合を除く）	その認定が取り消された日
5	特定美術品に係る認定保存活用計画の計画期間が満了した日から４カ月を経過する日において当該認定保存活用計画に記載された当該特定美術品について新たな認定を受けていない場合	その計画期間が満了した日から４カ月を経過する日
6	特定美術品について、重要文化財の指定が解除された場合または登録有形文化財の登録が抹消された場合（一定の災害による滅失に基因して解除され、または抹消された場合を除く）	その指定が解除された日または登録が抹消された日

7	寄託先美術館について、登録博物館の登録を取り消された場合または登録を抹消された場合（当該寄託先美術館が博物館に相当する施設として指定された施設である場合には、これらに類する事由が生じた場合）	その取り消され、若しくは抹消され、または事由が生じた日
8	寄託相続人が継続届出書を届出期限までに納税地の所轄税務署長に提出しない場合	届出期限の翌日

※　文部科学大臣または文化庁長官は、寄託相続人若しくは特定美術品または寄託先美術館について、納税の猶予に係る期限とされる事由に該当する事実に関し、法令の規定に基づき報告の受理その他の行為をしたことによりその事実があったことを知った場合には、遅滞なく、特定美術品についてその事実が生じた旨その他一定の事項を、書面により、国税庁長官または当該寄託相続人の納税地の所轄税務署長に通知する必要があります（措法70の6の7⑰）。

2. 税務署長による納税猶予に係る期限の繰上げ

税務署長は、次に掲げる場合には納税の猶予に係る期限を繰り上げることができます（措法70の6の7⑫）。

(1)　寄託相続人が増担保命令等に応じない場合
(2)　寄託相続人から提出された継続届出書に記載された事項と相違する事実が判明した場合

寄託相続人は納税の猶予に係る期限を繰り上げられた場合には、繰り上げられた納税の猶予に係る期限までに、猶予されている相続税と利子税を納付しなければなりません（措法70の6の7⑯三）。この場合、納付すべき相続税について延納制度または物納制度を適用することはできません（措法70の6の7⑬四）。

3. 利子税

1.の打切り事由に該当した場合や、**2.**の期限の繰上げに該当した場合には、納税猶予分の相続税額を基礎とし、相続税の申告書の提出期限の翌日から納税の猶予に係る期限までの期間に応じ、原則として年3.6％の割合を乗じて計算した金額に相当する利子税を、納税猶予分の相続税額に係る相続税に併せて納付しなければなりません（措法70の６の７⑯）。

利子税の割合は、上記のとおり年3.6％が原則ですが、各年の利子税特例基準割合が年7.3％の割合に満たない場合には、その年中の利子税の割合は、年3.6％に利子税特例基準割合が年7.3％の割合のうちに占める割合を乗じて計算した割合とされます（措法93⑤。利子税の割合の特例）。

「利子税特例基準割合」とは、各年の前々年の９月から前年の８月までの各月における銀行の新規の短期貸出約定平均金利の合計を12で除して得た割合として各年の前年の11月30日までに財務大臣が告示する割合に、年0.5％の割合を加算した割合をいいます（措法93②）。この財務大臣が告示する割合が変動することがあるため、利子税の割合は毎年算定することになります。

なお、上記の「乗じて計算した」利子税の割合に0.1％未満の端数があるときはこれを切り捨てるとともに、利子税の計算においてその計算過程における金額に１円未満の端数が生じたときはこれを切り捨てます（措法93⑤、96）。

以上のことを式に表すと、次のとおりとなります。

利子税の割合の特例の計算式＝3.6％×利子税特例基準割合（財務大臣が告示する割合＋0.5％）÷7.3％

令和３年中の利子税の計算の基礎となる財務大臣が前年（令和２年11月30日）に告示した割合は0.5％ですので、令和３年中の利子税の割合は次のとおり年0.4％となります。

令和３年中の利子税の割合＝3.6％×（0.5％＋0.5％）÷7.3％＝0.49‥ ⇒年0.4％

4. 納税が猶予されている相続税の免除事由

次に掲げる場合には、特定美術品に係る納税猶予分の相続税額に相当する相続税は免除されます（措法70の６の７⑭）。ただし、これらの場合に該当することとなった日前に上記**1.**及び**2.**に該当することとなった場合は除かれます。

⑴　寄託相続人が死亡した場合 ⑵　寄託相続人が特定美術品を寄託している寄託先美術館の設置者にその特定美術品の贈与をした場合 ⑶　特定美術品が災害（※）により滅失した場合

（注）災害とは、震災、風水害、落雷、噴火その他これらに類する災害で、これらの災害により特定美術品が滅失した場合においてその特定美術品に付された保険に係る保険契約により保険金が支払われないこととされているものをいいます（措令40の７の７⑬）。

免除を受けようとする寄託相続人またはその相続人は、免除届出書に一定の書類を添付して、これらの事由が生じた日後遅滞なく、納税地の所轄税務署長に提出しなければなりません（措令40の７の７㉔）。

【参　考】寄託相続人が死亡した場合の免除届出書

税務署受付印

特定美術品についての相続税の納税猶予に係る免除届出書（死亡免除）

※欄は記入しないでください。

令和＿＿年＿＿月＿＿日

＿＿＿＿＿税務署長

令和　　年　　月　　日に＿＿＿＿＿＿＿＿＿＿＿＿＿＿＿＿＿＿＿＿

＿＿＿＿＿＿＿＿＿＿＿＿＿＿したので、租税特別措置法第70条の６の７第14項の規定により下記の相続税を免除されたいので租税特別措置法施行令第40条の７の７第24項の規定により届け出ます。

【届出者】

〒
住所＿＿＿＿＿＿＿＿＿＿　氏名＿＿＿＿＿＿＿＿＿＿　寄託相続人との続柄＿＿＿

〒
住所＿＿＿＿＿＿＿＿＿＿　氏名＿＿＿＿＿＿＿＿＿＿　寄託相続人との続柄＿＿＿

〒
住所＿＿＿＿＿＿＿＿＿＿　氏名＿＿＿＿＿＿＿＿＿＿　寄託相続人との続柄＿＿＿

〒
住所＿＿＿＿＿＿＿＿＿＿　氏名＿＿＿＿＿＿＿＿＿＿　寄託相続人との続柄＿＿＿

〒
住所＿＿＿＿＿＿＿＿＿＿　氏名＿＿＿＿＿＿＿＿＿＿　寄託相続人との続柄＿＿＿

〒
住所＿＿＿＿＿＿＿＿＿＿　氏名＿＿＿＿＿＿＿＿＿＿　寄託相続人との続柄＿＿＿

1　被相続人に関する事項				
被相続人	住所		氏名	
相続（遺贈）があった年月日		令和　　年　　月　　日		
2　死亡日の直前における猶予中相続税額				
3　免除を受ける相続税額				
4　新たな寄託に係る承認等に関する事項				
①　適用規定		租税特別措置法第70条の６の７第４項 租税特別措置法第70条の６の７第５項 租税特別措置法施行令第40条の７の７第３項		
②　事由		契約期間の終了 寄託先美術館の　登録の取消　・　登録の抹消　・　指定の取消		
③　年月日		令和　　年　　月　　日		
④　寄託先美術館	名称			
	所在地			
関与税理士			電話番号	

※	通信日付印の年月日	（確　認）	入　力	確　認	納税猶予番号
	年　月　日				

（資12⑤−15−Ａ４統一）（令3.3）

参考文献（法令通達を除く）

第１章

- 『広辞苑』（岩波書店）
- 『令和３年版高齢社会白書』（内閣府）
- 『令和元年国民生活基礎調査の概況』（厚生労働省）
- 『寄付白書2017』（認定NPO法人ファンドレイジング協会）
- 『「遺贈」に関する意識調査2018』（特定非営利活動法人国境なき医師団日本）

第２章

- 堂薗幹一郎・野口宣大編著『一問一答 新しい相続法〔第２版〕—平成30年民法等（相続法）改正、遺言書保管法の解説』（商事法務）
- 堂薗幹一郎・神吉康二編著『概説 改正相続法【第２版】—平成30年民法等改正、遺言書保管法制定—』（きんざい）
- 潮見佳男著『詳解 相続法』（弘文堂）
- 二宮周平著『新法学ライブラリ－９ 家族法【第５版】』（新世社）
- 中込一洋著『実務解説 改正相続法』（弘文堂）
- 満田忠彦・小坏眞史編『遺言モデル文例と実務解説〔改訂版〕』（青林書院）
- 三菱UFJ信託銀行編著『信託の法務と実務【６訂版】』（きんざい）

第３章第１節

- 『令和元年版少子化社会対策白書』（内閣府）
- 平松慎矢著『一般社団・財団法人の税務と相続対策活用Ｑ＆Ａ』（清文社）
- 福居英雄編『令和元年版 個人の税務相談事例500選』（公益財団法人納税協会連合会）
- 長内昌三編『令和２年版図解所得税』（一般社団法人大蔵財務協会）
- 石橋茂編著『令和２年版図解地方税』（一般社団法人大蔵財務協会）
- 大林督編『実例問答式 寄附金の税務』（一般財団法人大蔵財務協会）
- 西巻茂著『寄附金課税のポイントと重要事例Ｑ＆Ａ＜第２版＞』（税務研究会出版局）

第３章第２節、第３節

- 関根稔責任編集『一般社団法人　一般財団法人　信託の活用と課税関係』（ぎょうせい）
- 朝長英樹監修『平成20年度税制改正完全対応　公益法人税制』（法令出版）
- 白井一馬ほか『実践 一般社団法人・信託活用ハンドブック』（清文社）
- 朝長英樹・鈴木修編著『精説 公益法人の税務』（財団法人公益法人協会）
- SU パートナーズ税理士法人ほか著『事例にみる一般社団法人活用の実務』（日本加除出版）
- 『公益法人制度改革関係法令集【第３版】』（公益財団法人公益法人協会）
- 平松慎矢ほか著『公益法人等へ財産を寄附したときの税務』（大蔵財務協会）
- 平松慎矢著『一般社団・財団法人の税務と相続対策活用Ｑ＆Ａ』（清文社）

第３章第４節

- 長内昌三編『令和２年版図解所得税』（一般社団法人大蔵財務協会）
- 小原清志編『令和２年版図解相続税・贈与税』（一般社団法人大蔵財務協会）
- 『DHC　コンメンタール相続税法』（第一法規）
- 『令和元年度 文部科学白書』（文部科学省）

執筆者

【編著】

税理士法人タクトコンサルティング

税理士・公認会計士の専門家集団として、併設する株式会社タクトコンサルティングと連携して、相続対策と相続税申告、事業承継対策、資本政策、組織再編成、M&A、信託、社団・財団、医療法人等の特殊業務に係る現状分析、問題点抽出、解決手段の立案・実行という一貫したサービスを提供している資産税専門のコンサルティングファーム。株式会社タクトコンサルティングでは商事信託媒介（信託契約代理業務）も取り扱う。
その特性を活かし、全国の会計事務所と提携し、当該会計事務所の顧問先に対する資産税サービスを提供している。

e-mail： info@tactnet.com
URL： https://www.tactnet.com/
TEL： 03-5208-5400
FAX： 03-5208-5490

金森民事信託法律事務所

都内信託会社にて、ライセンス取得をはじめとする管理型信託会社設立・運営業務（当局対応、コンプライアンス）、信託の引受けの営業を行う商事信託業務（契約書起案・締結、リスクコントロール、受託者としての第三者との取引交渉等）、いわゆる民事信託（家族信託）に関する設定支援・運営助言業務等に関する各法務を経験した弁護士が、2021年４月より、信託に特化した法律事務所として開業。商事信託が強みとする緻密さ・厳格さを、民事信託特有のリスク・コントロールに応用することを強みとしている。

URL： https://krlo.jp
TEL： 03-6709-1025
FAX： 03-6709-1026

【執筆】

税理士法人タクトコンサルティング

平松　慎矢

公認会計士・税理士

（執筆担当：第３章第２節、第３節）

＜略歴＞

1975年　名古屋市生まれ

1999年　滋賀大学経済学部　卒業

2000年　監査法人トーマツ　入社

2004年　公認会計士登録

2006年　タクトコンサルティング　入社

同年　税理士登録

2020年　税理士法人タクトコンサルティング　代表社員就任、株式会社タクトコンサルティング　取締役就任

＜主な著書等＞

『新版 一般社団・財団法人の税務と相続対策活用Q&A』（清文社）

『事業承継実務全書』（共著、日本法令）

高木　真哉

公認会計士・税理士

（執筆担当：第３章第４節）

＜経歴＞

1979年　福島県生まれ

2003年　横浜市立大学商学部　卒業

2007年　監査法人トーマツ（現有限責任監査法人トーマツ）入社

2010年　公認会計士登録

2014年　タクトコンサルティング　入社

同年　税理士登録

2015年　日本公認会計士協会東京会　税務第二委員会委員

2016年　同上

2021年　早稲田大学大学院租税訴訟補佐人制度大学院研修修了

＜主な著書等＞

『事業承継実務全書』（共著、日本法令）

中坂　克司

税理士

（執筆担当：第１章、第３章第１節）

＜経歴＞

1989年　京都府生まれ

2012年　同志社大学商学部　卒業

同年　京都市内税理士法人　入社

2014年　税理士試験合格

2015年　タクトコンサルティング　入社

同年　税理士登録

＜主な著書等＞

『事業承継実務全書』（共著、日本法令）

金森民事信託法律事務所

金森　健一

弁護士・駿河台大学法学部特任准教授

（執筆担当：第２章）

＜経歴＞

2010年　弁護士登録（東京弁護士会）

2012年～2021年　ほがらか信託株式会社（関東財務局長（信）第８号）にて、設立業務専従者、法務コンプライアンス部長、副社長執行役員を歴任

2021年４月　金森民事信託法律事務所所長

信託法学会会員。主な取扱分野は、民事信託及び商事信託で、訴訟対応、信託設定・運営支援、ストラクチャー構築、当局対応や金融機関へのアドバイス、信託会社設立支援等を行う。

＜主な著書等＞

『賃貸アパート・マンションの民事信託実務』（共著、日本法令）

『弁護士専門研修講座　民事信託の基礎と実務』（共著、ぎょうせい）

「『民事信託』実務の諸問題(1)～(5)」（駿河台法学32号～34号）

Q&A 遺贈寄附の
法務・税務と財産別相続対策

令和３年10月10日　初版発行
令和３年11月10日　初版２刷

検印省略

編　著　税理士法人
タクトコンサルティング
金森民事信託
法律事務所
発行者　青木健次
編集者　岩倉春光
印刷所　東光整版印刷
製本所　国宝社

〒101-0032
東京都千代田区岩本町１丁目２番19号
https://www.horei.co.jp/

(営業)　TEL　03-6858-6967　Eメール　syuppan@horei.co.jp
(通販)　TEL　03-6858-6966　Eメール　book.order@horei.co.jp
(編集)　FAX　03-6858-6957　Eメール　tankoubon@horei.co.jp

(バーチャルショップ)　https://www.horei.co.jp/iec/
(お詫びと訂正)　https://www.horei.co.jp/book/owabi.shtml
(書籍の追加情報)　https://www.horei.co.jp/book/osirasebook.shtml

※万一、本書の内容に誤記等が判明した場合には、上記「お詫びと訂正」に最新情報を掲載しております。ホームページに掲載されていない内容につきましては、FAXまたはEメールで編集までお問合せください。

ISBN 978-4-539-72862-8